高邦仁——著

# 阳明语录

修订本

中国财富出版社有限公司

**图书在版编目（CIP）数据**

阳明语录 / 高邦仁著 . —2 版（修订本）. —北京：中国财富出版社有限公司，2022.9（2024.6 重印）

ISBN 978-7-5047-7598-6

Ⅰ . ①阳… Ⅱ . ①高… Ⅲ . ①王守仁（1472–1529）—语录 Ⅳ . ① B248.21

中国版本图书馆 CIP 数据核字（2021）第 249114 号

**策划编辑** 郝婧婕　**责任编辑** 郝婧婕　**版权编辑** 李　洋
**责任印制** 尚立业　**责任校对** 张营营　**责任发行** 杨恩磊

---

**出版发行** 中国财富出版社有限公司
**社　　址** 北京市丰台区南四环西路 188 号 5 区 20 楼　**邮政编码** 100070
**电　　话** 010−52227588 转 2098（发行部）　010−52227588 转 321（总编室）
010−52227566（24 小时读者服务）　010−52227588 转 305（质检部）
**网　　址** http://www.cfpress.com.cn　**排　　版** 宝蕾元
**经　　销** 新华书店　**印　　刷** 宝蕾元仁浩（天津）印刷有限公司
**书　　号** ISBN 978−7−5047−7598−6/B・0569
**开　　本** 880mm × 1230mm　1/32　**版　　次** 2022 年 9 月第 2 版
**印　　张** 8.875　**印　　次** 2024 年 6 月第 2 次印刷
**字　　数** 192 千字　**定　　价** 48.00 元

---

# 序

五百年前的阳明学，何以对今人有如此大的吸引力？是王阳明求道精神的魅力，是人类创新文明的需要。

人类社会始于蛮荒，经历了从农业文明到工业文明，今又开始向后工业文明过渡。传统既是历史的惯性，也是其创造力的源泉。传统的遗慧已经成为创造新文明的必要条件。

历史的这次转折为中华民族的复兴提供了契机。一个农业文明的创造者沦落为工业文明的模仿者，其复兴梦的实现只能靠为创新文明做贡献。

我们从19世纪中叶就开始为之奋斗了，估计要到22世纪中叶才能圆梦。这三百年可大体等分为三个一百年，依次在政治、经济、文化领域圆梦。

在第一个百年里，中国付出了几千万人伤亡的代价，为反法西斯战争的胜利做出了贡献，成为联合国五个常任理事国之一，进入了世界政治强国的行列。

第二个百年已经过了大半，中国为稳定世界经济发展贡献了几亿廉价劳动力，今已成为世界第二大经济体，跻身世界经济强国行列指日可待。

第三个百年是我们的最终期待，生命和劳动力不再成为世界青睐的贡献，而是靠贡献智慧赢得世界人民的尊崇，成为世界文化强国。

让我们通过体悟阳明圣道，认识传统在创新文明中的角色，发掘传统文化中的遗慧，寻找新文明的种子，实现中华民族的伟大复兴。

董光壁

丙申孟冬

北京名流花园

# 目录

我心即宇宙，宇宙即我心

**心即理。**

——《传习录·徐爱录》[1]

**【注释】**

心即是理。

最初为宋代陆九渊提出，后为王阳明学说的核心命题之一。天下之理，天理，理，原皆在吾心，皆为吾心。以一般性比喻而言，朱熹认为理在物上，王阳明则认为理在心中，而且去除各种私欲后的最深刻的此心本身就是理。

① 本书摘录《传习录》内容，以中州古籍出版社出版的《传习录》为蓝本，经校勘核定，偶有相异。

**无心外之理，无心外之物。**

——《传习录·徐爱录》

**【注释】**

没有存在于本心之外的理，也没有存在于本心之外的任何事物。

反之，与人则是没有关系的，于人则是没有意义的。王阳明说的“心”指向的是宇宙的本体，王阳明的学说指向的是本体论。虽然原著《传习录》从表面上看似乎异常之复杂、难读，但其命题实则至简。虽然其从表面上看似乎是多角度、全方位、大视野、立体化地进行引经据典和表述，但其核心却是反复围绕本体，永远围绕本体，一以贯之的。

**心即道，道即天。知心则知道、知天。**

——《传习录·陆澄录》

**【注释】**

心就是道，道就是天。洞察到了自己最深刻、最本原、最真实的内心，就洞察到了道，洞察到了天。

如《六祖坛经》所云："时有风吹幡动。一僧曰风动，一僧曰幡动。议论不已。惠能进曰：'非风动，非幡动，仁者心动。'"知道自己的心动，便是知心，知道，知天。一网友（Listener）亦有精彩论断："树叶随风而动，树知道自己的摇曳，那么便是知心。"

**心外无物。如吾心发一念孝亲，即孝亲便是物。**

——《传习录·陆澄录》

**【注释】**

本心之外没有事物。例如，我心中产生孝敬父母的念头，那么，孝敬父母就是事物。

反之，不存在。

曰："然则善恶全不在物？"

曰："只在汝心。循理便是善，动气便是恶。"

曰："毕竟物无善恶？"

曰："在心如此，在物亦然……"

——《传习录·薛侃录》

【注释】

有人问："善恶完全与事物无关吗？"

先生说："善恶只在你心中。无私欲私念自然就是遵循天理，就是善。动气皆因有私欲私念，就是恶。"

有人问："那么事物本身是无善恶的吗？"

先生说："心是这样，事物也是这样……"

因为"本"无意义，所以才"迫使"去创造意义。善恶是被赋予的。

**先去理会自己性情，须能尽人之性，然后能尽物之性。**

——《传习录·薛侃录》

【注释】

先去体察自己的性情，深究和穷尽自己（人）的本性，然后才能无限接近地知道一切事物的本质，无限接近地体悟到一切的根本道理。

天人一源。王阳明在致友人信中说：“破山中贼易，破心中贼难。区区翦除鼠窃，何足为异？若诸贤扫荡心腹之寇，以收廓清平定之功，此诚大丈夫不世之伟绩！”

**专求本心，遂遗物理，此盖失其本心者也。夫物理不外于吾心，外吾心而求物理，无物理矣；遗物理而求吾心，吾心又何物邪?**

——《传习录·答顾东桥书》

**【注释】**

专求本心而遗弃外物，这却是失去了本心。虽然说万事万物之理本不在心外，在心外探求也就搞不清事理了，但遗弃事理而专门探求本心，本心又是什么呢?

“凡学问之功，一则诚，二则伪。”一切本来是一，不要弄成二。心外无物，物外也无心。没有心就没有物，没有物也就没有心。心是物的载体，物也是心的载体。心物一也。心事一也。物即事。

**心之体，性也，性即理也。故有孝亲之心即有孝之理，无孝亲之心即无孝之理矣；有忠君之心即有忠之理，无忠君之心，即无忠之理矣。理岂外于吾心邪?**

——《传习录·答顾东桥书》

**【注释】**

心的本体是人的真实人性，真实人性就是天理。比如有真实孝顺父母的心就知孝顺父母的理，否则即无此知；有真实忠君的心就知忠君的理，否则也即无此知。天理难道可以存在于心外吗?

关键是，是否真实。“诚”在《大学》中的定义是“毋自欺”。从某个角度讲，做到不自欺，是世上最难的事情之一，是几乎不可能完成的任务，“难于上青天”，但这可能就是修的方向和目的。外在说教为虚，内心体悟为实。

**夫万事万物之理不外于吾心，而必曰穷天下之理，是殆以吾心之良知为未足……**

——《传习录·答顾东桥书》

**【注释】**

既然万事万物之理不存在于心外，而动不动就一定要说穷尽天下之理，这大概是因为心中还没有足够的良知，而情不自禁地向外寻求天下事物的道理，以弥补或增加心中的良知吧……

真正想要什么，真正缺乏什么，其实是每个人潜意识里的深刻存在。因为深刻，所以并不是很容易就能发现或认识到的。

心者，身之主也，而心之虚灵明觉，即所谓本然之良知也。其虚灵明觉之良知应感而动者，谓之意。有知而后有意，无知则无意矣。知非意之体乎？意之所用必有其物，物即事也……凡意之所用，无有无物者。有是意即有是物，无是意即无是物矣，物非意之用乎？

——《传习录·答顾东桥书》

【注释】

心是身的主宰，心的虚灵明觉就是人的本体良知。良知因感应而动就是意。有知而后才会有意，无知则无意。知难道不是意的本体吗？意的指向，必有具体的物，物就是事……凡意念发动，不会没有物的存在。有此意就有此物，没有此意就没有此物，事物难道不是意念的运用吗？

意出自良知本体，意所着之处便是物。心想事成，心想即意。态度决定一切，态度即意。态度近本体，一切近现象。不断去掉心中的污泥浊水般的私欲、私心、私意，或才能接近发现本体，接近天理之自然顺畅。一念天堂。

**你未看此花时，此花与汝心同归于寂；你来看此花时，则此花颜色一时明白起来，便知此花不在你的心外。**

——《传习录·钱德洪录》

**【注释】**

你未看此花时，此花与你的心自然同处于寂静而无；你看此花时，此花颜色自然就显现出来了，可见此花并不在你的心外。

物不在心，即没能被赋予意义、没有被定义的存在或可被认为是不存在。心是一面镜子，无物不照。一切幻想，或都是照则有，不照则无。

**天下之物本无可格者，其“格物”之功，只在身心上做。**

——《传习录·黄以方录》

**【注释】**

天下之物本来就没什么好格的，“格物”的功夫，只是在心上做。

“理”全在人“心”，不格此“心”，无物可格。“细微至发梢，宏大至天地、世界、宇宙乃至万物，皆为思维心力所驱使。博古观今，尤知人类之所以为世间万物之灵长，实为天地间心力最致力于进化者也。”

**心不只是一块血肉，凡知觉处便是心。如耳目之知视听，手足之知痛痒，此知觉便是心也。**

——《传习录·黄以方录》

【注释】

心不只是一块血肉，凡有知觉的地方就是心。比如耳朵知道听，眼睛知道看，手脚知道痛痒，这个知觉就是心。

心是伟大的。

**念虑之精微，即事理之精微也。**

——《传习录·黄以方录》

**【注释】**

意念上的精微，就是事理上的精微。

去除私欲的程度，即感知道理的程度，感知良知的程度，通畅、开阔的程度。做人之精微，也是做事之精微。对义理、事理的精微感知，也是对内心良知的精微感知。

**充天塞地中间，只有这个灵明，人只为形体自间隔了。我的灵明，便是天地鬼神的主宰。天没有我的灵明，谁去仰他高？地没有我的灵明，谁去俯他深？鬼神没有我的灵明，谁去辩他吉凶灾祥？天地鬼神万物离却我的灵明，便没有天地鬼神万物了；我的灵明离却天地鬼神万物，亦没有我的灵明。如此便是一气流通的。**

——《传习录·黄以方录》

**【注释】**

充满天地之间的只有人的所谓灵明或灵魂，人的形体只因掺杂私欲杂念而与天地隔开了。人的所谓灵明或灵魂就是天地鬼神万物的主宰。如果没有人的这个灵明，谁去仰望天的高远与辽阔？如果没有人的这个灵明，谁去俯视地的深刻与丰厚？如果没有人的这个灵明，谁去辨别鬼神的吉凶与灾祥？天地鬼神万物离开了人的这个灵明，就不成其为天地鬼神万物了；人的这个灵明离开了天地鬼神万物，也就不存在了。一切都是一体和相通的。

本体和现象也是统一的。一切及一切根源都是“存在”，都互为根据，互为载体。一切存在都存在于存在。一切存在都有其对称性的存在。一切对称性的存在的总和、整体，或就是我心，就是宇宙。

# 简单说，什么是良知

**知是心之本体，心自然会知……不假外求。**

——《传习录·徐爱录》

**【注释】**

知是心的本体，心自然会知……无须外求。

不假外求，即无须外面添一分，有所添即有所虑，虑即私意。无私、不虑则自然会知，而不需要到心外寻求任何其他假借的外力来寻求良知。亦如“求人不如求己”，唯一要做的是向内，发现和去除自己的私欲。去得私欲，便识本体，便是光明。我心光明即为本体，本体无所不知，本体自然会知，亦即自然会无所不知。

**所幸天理之在人心，终有所不可泯，而良知之明，万古一日。**

——《传习录·答顾东桥书》

【注释】

幸运的是，天理原本就在每个人的心中，是始终都不会泯灭的存在，良知的光明，每一天都一样，万古不变。

永远有个红太阳，照到哪里哪里亮。那个红太阳就存在于从古至今你我他（她）每个人的内心，其光明万年如一日，自古，至今，到永恒的未来。

**“未发之中”即良知也，无前后、内外而浑然一体者也。**

——《传习录·答陆原静书》

**【注释】**

《中庸》里的“喜怒哀乐之未发，谓之中”，即是良知，无状无态，无前无后，无内无外，所以只能勉强说为浑然一体。

《中庸》里“中”的概念，以王阳明的追溯，是对本体良知的表达方式之一。

**良知是天理之昭明灵觉处，故良知即是天理，思是良知之发用。**

——《传习录·答欧阳崇一》

**【注释】**

良知是天理光明灵觉和精微至极所在，良知就是天理，思考是良知的自然流行、自然发挥与自然运用。

反过来，寻找良知之思即寻找私意之思，是对天理的根本之思，是思天理之根本。

**良知一也，以其妙用而言谓之神，以其流行而言谓之气，以其凝聚而言谓之精，安可以形象方所求哉?**

——《传习录·答陆原静书》

**【注释】**

良知即一，就其奇妙无穷的作用而言可称之为“神”，就其无限流行运用而言可称之为“气”，就其凝聚而言可称之为“精”，无以论其状，无以求其态。

“一生二、二生三、三生万物”，良知，一也。良知与道教中的精气神，一也。世上史上各家最终的修为，如非各执一偏，一也。

**性无不善，故知无不良。良知即是未发之中，即是廓然大公、寂然不动之本体，人人之所同具者也。但不能不昏蔽于物欲，故须学以去其昏蔽。**

——《传习录·答陆原静书》

**【注释】**

本性无所谓不善，所以知无所谓不良。良知就是“喜怒哀乐之未发，谓之中”的“中”，是旷远、恒定、无私的本体，人人都具有。但是，人人本都具有的良知往往不可避免地被物欲等各种私欲所遮蔽，使之不能显现、不能被发现，所以必须学习以清除蒙蔽良知的众多私欲。

乌云密布和晴空万里，只是一种选择。

**良知虽不滞于喜、怒、忧、惧，而喜、怒、忧、惧亦不外于良知也。**

——《传习录·答陆原静书》

**【注释】**

良知是不会滞留于人的喜、怒、忧、惧等这些感情之中的，而人的喜、怒、忧、惧等这些感情也不外乎是良知的自然流动呈现。

“不滞留”或“不拘泥”，“不外于”或“不外乎”，即“应无所住而生其心”。

**能戒慎恐惧者，是良知也。**

——《传习录·答陆原静书》

【注释】

能“戒慎恐惧”的，就是良知。

“戒慎恐惧”即是独自思“诚”，独知、自知、真实自省，近“勿自欺”而“观自在”。而能使人真正“戒慎恐惧”的，非良知莫属。

“戒慎恐惧”语出《中庸》：“是故君子戒慎乎其所不睹，恐惧乎其所不闻。”

**良知即是道。良知之在人心，不但圣贤，虽常人亦无不如此。若无有物欲牵蔽，但循著良知发用流行将去，即无不是道。但在常人多为物欲牵蔽，不能循得良知。**

——《传习录·答陆原静书》

**【注释】**

良知就是道。良知在每个人的心中，无论是对于圣贤，还是对于常人，良知都是一模一样的存在。如果没有私欲的牵连和遮蔽，依每个人的良知发挥作用和自然流行，那么良知到何处，何处就是道和道的显现。只不过就常人而言，大多数人被物欲遮蔽，不能发现和证得良知。

去掉私欲遮蔽，人人都能循得良知，人人都能得道。发现和证得良知，依良知直觉而行，每个人均可无往而不乐，无往而不胜。凭良知直觉自发而行，或可谓最高境界的自由。

**良知不由见闻而有，而见闻莫非良知之用。故良知不滞于见闻，而亦不离于见闻。**

——《传习录·答欧阳崇一》

**【注释】**

循得良知不来自见闻，但见闻均为良知的自然流行和运用。良知不拘泥于见闻，但也不离见闻。

良知是本体。如果真是把致良知当作关键，分清了主次，那么多见多闻就是致良知的功夫，脱离了见闻，也就没有良知可致，就此意义，两者才是一回事。寻找、体悟本体，将打破自己的瓶颈或天花板，也等于是“破心中贼”，“扫荡心腹之寇，以收廓清平定之功”，“此诚大丈夫不世之伟绩！”万变不离其宗，一以贯之。

**是非之心，不虑而知，不学而能，所谓良知也。**

——《传习录·答聂文蔚》

**【注释】**

人人都有的是非之心，不用思考就能知道，不用学习就能具有，这就是良知。

真理是具有先验性的，它就在那里，学习修行的目的只是让答案自己显现。

良知只是一个，随他发见流行处，当下具足，更无去来，不须假借。然其发见流行处，却自有轻重厚薄毫发不容增减者，所谓“天然自有之中”也……此良知之妙用，所以无方体，无穷尽，“语大天下莫能载，语小天下莫能破”者也。

——《传习录·答聂文蔚》

【注释】

良知只是一，随良知自然发挥流动呈现处，完备充足，无来无去，无须向外假借。而良知自然发挥流动呈现处，却有轻重厚薄的区别，丝毫不能增加，也丝毫不能减少，这就是所谓天然自有的“中”……良知的妙用无形无体、无穷无尽，其道广大，即使天地无边无际也装载不了它，其道精微，天下任何东西都破解不了它。

比如黄金分割。把一条线段分割为两个部分，较大的部分与全长的比值等于较小的部分与较大的部分的比值，不仅是类似达·芬奇的《蒙娜丽莎》、埃及的金字塔等外在作品，就连古希腊时期铁匠铺好听的打铁声音的比例亦如是，这个比例被毕达哥拉斯学派用数学的方式表达出来，其比值是（$\sqrt{5}-1$）: 2，冠以希腊字母 Φ。

“天然自有之中”语出宋程颢、程颐的《河南程氏遗书》。“语大天下莫能载，语小天下莫能破”语出《中庸》。

**良知只是一个天理。自然明觉发见处，只是一个真诚恻怛便是他本体。**

——《传习录·答聂文蔚》

【注释】

良知就是天理。其实，只一个真诚、恳切，就是良知本体。

近真诚、恳切，即近良知，近本体。真正的真诚恻怛，也应是内心最充分自由和解放的状态。

**看得透彻，随他千言万语，是非诚伪，到前便明。合得的便是，合不得的便非，如佛家说心印相似。**

——《传习录·陈九川录》

**【注释】**

体悟到良知，把良知认识透彻，不管他人说多少、怎么说，是非真假，一看就明白。符合真实内心的就对，不符合真实内心的就不对，类似佛家说的“心印”。

“心印”是佛教禅宗语，大意指不用语言文字，直接以心相印证。

看得透彻，就是拥有对真理的直觉。

**人若知这良知诀窍，随他多少邪思枉念，这里一觉，都自消融。**

——《传习录·陈九川录》

【注释】

人如果知道这良知的秘诀，不管有多少邪念私心，只要有了自己良知的察觉，就都自然会消融。

虽然很难，但真正找到什么是良知的感觉，可谓人生一粒最无与伦比的灵丹。

**良知明白，随你去静处体悟也好，随你去事上磨炼也好，良知本体原是无动无静的。**

——《传习录·钱德洪录》

**【注释】**

当你弄懂了良知，你就会明白，随便你在静中体悟也好，在事情上磨炼也好，良知本体是不分动静的。

既为本体，即无来无往，无垢无净，无生灭，无动摇。动亦定，静亦定。

**道即是良知。良知原是完完全全，是的还他是，非的还他非，是非只依着他，更无有不是处。这良知还是你的明师。**

——《传习录·钱德洪录》

**【注释】**

道就是良知。良知原本就是圆满无缺的，是就还他个是，非就还他个非，是非只依良知来判断，更不会有任何差错。这良知原本就是你的明师。

只有自己的直觉，是不会欺骗自己的。但自己，往往可以故意欺骗自己的直觉，也只有自己。当自己欺骗自己的直觉时，离良知是很远的。离良知这盏人生最伟大的明灯很近的时候，直觉就是最伟大的力量。

**天地万物俱在我良知的发用流行中，何尝又有一物超于良知之外，能作得障碍?**

——《传习录·钱德洪录》

**【注释】**

天地万物都在我良知的生发运动流行之中，哪有什么事物能超然于良知之外，成为良知的障碍呢?

去私欲存天理的过程和阶段性结果，就是使自己越来越接近良知本体，越来越没有妄想和恐惧，越来越自信和强大，也越来越宽广而平和、从容而谦逊，越来越没有什么能影响自己前进的步伐。这也就是雪花飘落，片片各得其所。

**或问异端。**

**先生曰：“与愚夫愚妇同的，是谓同德；与愚夫愚妇异的，是谓异端。”**

——《传习录·钱德洪录》

**【注释】**

有人问关于异端。

先生说：“和所有常人同的叫同德，和所有常人不同的就叫异端。”

良知不只属于少数人或圣人，而是属于所有人的，属于所有人的才叫良知。良知不只在于圣人之心，而在于全体人之心。

“异端”语出《论语·为政》：“攻乎异端，斯害也已。”

**人的良知，就是草木瓦石的良知。**

——《传习录·钱德洪录》

**【注释】**

人的良知，就是天地万物、草木瓦石的良知。

王阳明说的良知指的是宇宙的本体，所以人的良知就是草木瓦石的良知，亦所谓万古一心，万物一体。

**若草木瓦石无人的良知，不可以为草木瓦石矣。岂惟草木瓦石为然，天地无人的良知亦不可为天地矣。盖天地万物与人原是一体，其发窍之最精处，是人心一点灵明。风雨露雷、日月星辰、禽兽草木、山川土石，与人原只一体。故五谷禽兽之类皆可以养人，药石之类皆可以疗疾。只为同此一气，故能相通耳。**

——《传习录·钱德洪录》

**【注释】**

如果草木瓦石没有人的良知，就不可以成为草木瓦石了。难道仅仅草木瓦石如此吗？天地如果没有人的良知，也不可成为天地了。天地万物与人原本是一体的，其最根本、最精妙的地方是人心的一点灵明。风雨露雷、日月星辰、禽兽草木、山川土石，与人原本是同一个本原、同一个本体。所以五谷禽兽等都可以养人，药石等都可以治疗疾病。万事万物的本质是相同、相通的。

创造宇宙万事万物现象的是本体。因同一本体，故天人合一。

**诚是实理，只是一个良知。**

——《传习录·钱德洪录》

**【注释】**

诚就是天理，就是良知。

近“诚”的状态，即近良知，“理”自现。

**“先天而天弗违”，天即良知也；“后天而奉天时”，良知即天也。**

——《传习录·钱德洪录》

**【注释】**

天不违背人意，天就是良知；人尊奉天时，良知就是天。

兴人事而得天相合，就是“天助我也”，天就是良知。顺天意，就是知晓“何为正确”，按天理奉行之，良知就是天。

“先天而天弗违，后天而奉天时”语出《周易·文言·乾》。

**良知只是个是非之心，是非只是个好恶。只好恶就尽了是非，只是非就尽了万事万变。**

——《传习录·钱德洪录》

**【注释】**

良知只是个是非之心，判断是非，靠的就是内心里的好恶。只这种内心里的好恶，就穷尽了各种各样的是非，只这各种各样的是非，就穷尽了世上万事万变。

人只是用“是非”这个“二进制”创造和描绘了这个表面上与时俱进的社会。

**是非两字是个大规矩，巧处则存乎其人。**

——《传习录·钱德洪录》

**【注释】**

“是非”这两字是个“大”原则，其具体精妙绝伦处就取决于每个具体的人怎么体悟了。

如稻盛和夫认为，人生只有一个重要问题，那就是“何为正确”。对于“是非”或“何为正确”的认识与感知，每个人都在路上，或都在过程中，因此“是非”或“何为正确”的具体精妙绝伦处，就取决于每个具体的人了。要为能够做出正确的判断而不懈努力，意思同样是要诚意、正心、格物、致良知，证得良知，遵循良知。人只有在面对永远完成不了的任务时，才称得上需要不懈努力。

**良知即是《易》：“其为道也屡迁，变动不居，周流六虚，上下无常，刚柔相易，不可为典要，惟变所适。”**

——《传习录·黄以方录》

**【注释】**

良知就是《周易·系辞下》中所说的：“其道的外在显现是变化多端的，永远在六个爻位上变化，没有固定的形态，充满整个宇宙四面八方，刚爻柔爻也永远在上下互相交换，不可拘泥，无所引经据典，唯随时、适时应变和顺应。”

“易者，吾心之阴阳动静也；动静不失其时，易在我矣。”良知即易，易即良知。

# 简单说，为什么要致良知

**此心无私欲之蔽，即是天理，不须外面添一分。**

——《传习录·徐爱录》

**【注释】**

此心如果没有私欲的遮蔽，此心就是天理，无须对外求一丝一毫。

不识私欲，便不识天理。识得私欲，便识天理。去掉私欲，天理自现。所有人，要想在本质上有所进步，功夫只有一个——念念去私欲存天理。

**若良知之发，更无私意障碍，即所谓“充其恻隐之心，而仁不可胜用矣”。**

——《传习录·徐爱录》

**【注释】**

无私心杂念阻隔，良知自然流行发用，也就是从恻隐之心扩充之，以天地万物为一体之仁将取之不尽、用之不竭。

恻隐之心，近慈悲之心、怜悯之心、同情之心。从每一点点恻隐之心出发，保存和不断扩充之，就是内圣外王，就是伟业至惊天地泣鬼神。

“充其恻隐之心，而仁不可胜用矣”语出《孟子》。

**然在常人不能无私意障碍，所以须用“致知”“格物”之功，胜私复理。即心之良知更无障碍，得以充塞流行，便是致其知，知致则意诚。**

——《传习录·徐爱录》

**【注释】**

对一般人来说，不可能没有私欲障碍，所以须用“致知”“格物”的功夫，战胜私欲以恢复天理。也就是使此心无私欲阻碍，良知得以自然扩充流行，这就是致其知。良知恢复了，思想意念就能真诚专一。

去私欲，是修为功夫唯一的着力点。去私欲就是真正的致良知。

**人性皆善，“中”“和”是人人原有的，岂可谓无？但常人之心既有所昏蔽，则其本体虽亦时时发见，终是暂明暂灭，非其全体大用矣。**

——《传习录·陆澄录》

**【注释】**

人的本性都是至善的，所以“中”“和”本来人人都有，只不过一般人的天性大多被私欲蒙蔽了，即一般人的良知本体虽然时时显现，但终究时断时续、时明时灭，所以一般人达不到其心之本体的全体大用。

以“中”治理自己，就是以“中”治理天下。人人皆近“中”，天下则近“和”。天下的方向是自然走向“大本”，顺之者昌。

《中庸》说：“中也者，天下之大本也；和也者，天下之达道也。”

**须是平日好色、好利、好名等项一应私心扫除荡涤，无复纤毫留滞，而此心全然廓然，纯是天理，方可谓之喜、怒、哀、乐“未发之中”，方是天下之“大本”。**

——《传习录·陆澄录》

【注释】

必须把平时好色、好利、好名等私欲彻底清除，不留一丝一毫，当此心整体完全光明灿然，全是天理时，才能说都是喜怒哀乐之未发时的中正，才能说是接近了天下的大本。

“未发之中”就是良知，良知就是天下的“大本”，天下的方向。

**至善者性也。性元无一毫之恶，故曰至善。止之，是复其本然而已。**

——《传习录·陆澄录》

**【注释】**

至善是人的天性。人的天性原本没有一丝一毫的恶，所以叫至善，最高的善。止于至善，只是恢复人性本体的本来面目而已。

或可参：亚里士多德认为至善本身就是目的，是一切的最高目的。

**问：“上智、下愚如何不可移？”**

**先生曰：“不是不可移，只是不肯移。”**

——《传习录·薛侃录》

**【注释】**

有人问：“智慧和愚蠢为什么不能改变？”

先生说：“不是不可、不能改变，而是不肯、不愿改变。”

或可参：佛说一切众生皆具如来智慧德相，只因妄想执着，不能证得。

“上智、下愚不可移”语出《论语·阳货》：“唯上智与下愚不移。”

**孩提之童，无不知爱其亲，无不知敬其兄，只是这个灵能不为私欲遮隔，充拓得尽，便完完是他本体，便与天地合德。自圣人以下，不能无蔽，故须格物以致其知。**

——《传习录·薛侃录》

**【注释】**

凡是儿童没有不知道热爱父母和尊重兄长的，只因儿童这个灵明灵能未被私欲遮蔽，本体良知能充分发挥出来，是完完全全的本体，与天德合一。成年人除了所谓圣人，大多不能不被私欲所遮蔽，所以必须格物以达良知。

或可参：《道德经》第四十九章："百姓皆注其耳目，圣人皆孩之。"《道德经》第五十五章："含德之厚，比于赤子。"儿童最接近人的本来，本来即本体。格物致良知，就是要去遮蔽，致本体，现本来。

**学、问、思、辨、笃行之功，虽其困勉至于人一己百，而扩充之极至于尽性知天，亦不过致吾心之良知而已。**

——《传习录·答顾东桥书》

**【注释】**

就学习、询问、思考、分辨、笃行的功夫而言，虽然有的人资质比较低，需要付出比别人多百倍的努力才可，但努力到极致，到达彻悟本性、明了宇宙本质和规律的境界，也不过是尽自己的本心良知罢了。

简易直截，人人做得。接近至简与大道或互为因果，至简或必大道，大道或必至简。

良知者心之本体，即前所谓恒照者也。心之本体无起无不起。虽妄念之发，而良知未尝不在，但人不知存，则有时而或放耳。虽昏塞之极，而良知未尝不明，但人不知察，则有时而或蔽耳。虽有时而或放，其体实未尝不在也，存之而已耳。虽有时而或蔽，其体实未尝不明也，察之而已耳。若谓良知亦有起处，则是有时而不在也，非其本体之谓矣。

——《传习录·答陆原静书》

【注释】

良知是心的本体，所谓不动之恒照者。心的本体无所谓开始不开始。人即使产生妄念，但此时良知也并非完全不存在，只不过人一般不知道该时时存养良知，于是有时就会失去良知。人虽然有时昏庸闭塞之极，但其良知未尝不明觉，只是人们不能体察良知，有时被私欲遮蔽。虽有时失去了良知，但良知的本体并未消失，存养它就可以了。虽然有时受到私欲遮蔽，但良知的本体仍旧光明，体察它就可以了。如果认为良知也有个开始处，那么就是认为它有时不存在，这样理解良知，良知就不是心的本体了。

本体无始无终，现象世界亦无始无终。爱因斯坦认为过去、现在、未来之间的差别也许只是一种幻觉。时间或是不存在的，当下即永恒。

**夫人者，天地之心，天地万物本吾一体者也。**

——《传习录·答聂文蔚》

**【注释】**

人是天地的心，天地万物与人同为一体。

人的良知，也是天地万物的良知，同为一体。

**良知之在人心，无间于圣愚，天下古今之所同也。**

——《传习录·答聂文蔚》

**【注释】**

良知存在于所有人的心中，无论是圣贤还是普通人，其拥有的良知都是相同的，所有地域、从古至今，这一点都是相同的。

圣人和凡人、古人和今人、东方人和西方人、南半球的人和北半球的人、这行业和那行业的人，都拥有一个共同的良知。“良知之外更无知，致知之外更无学。”

**无知无不知，本体原是如此。譬如日未尝有心照物，而自无物不照。无照无不照，原是日的本体。良知本无知，今却要有知；本无不知，今却疑有不知。只是信不及耳。**

——《传习录·钱德洪录》

**【注释】**

良知或本体本来就是无知无不知的。比如太阳未尝有意去普照万物，但实际上太阳无物不照。无意去照而无所不照，这原本就是太阳的本体。良知原本是无所谓要知的，现在却要它知；良知本来是无所不知的，现在却要怀疑它有所不知。这只是对良知或本体的性质不理解、不坚信罢了。

每个人心中或潜意识里都有一种无形的最深刻的存在，表现在各种自发的突然说出的口头禅上，比如我的天、我的妈、我的宝贝儿、我的老天爷、我的上帝，等等。佛在心中，自己即佛。自信与自知，或信与知，是互相促进的、同时发生的。王阳明所论述围绕的核心永远是本体这种最深刻的存在。

**问：“良知原是中和的，如何却有过、不及？”**

**先生曰：“知得过、不及处，就是中和。”**

——《传习录·钱德洪录》

**【注释】**

有人问：“良知原本是喜怒哀乐之未发之中、发而皆中节之和的，怎么会有过和不足的情况呢？”

先生说：“知道了过和不足之处，就会是中正平和。”

知是知非，知善知恶，亦即知过和不及。

**良知自知原是容易的，只是不能致那良知，便是“知之匪艰，行之惟艰”。**

——《传习录·黄以方录》

**【注释】**

良知自然能知，这本来是容易的，只是不能实实在在去致那个良知，所以才总会觉得“知易行难”。

其实不是“知易行难”。问题出在其实还是不知，尤其不知实致良知。“知”其实是很不容易的，“行难”是因为在“知”上还没有达到。唯念念去私欲存天理，以体悟到本体，才能“知”，才能“行”。

“知之匪艰，行之惟艰”语出《尚书》。

# 如何致良知，如何格物

**《中庸》言“不诚无物”、《大学》“明明德”之功，只是个“诚意”，“诚意”之功，只是个“格物”。**

——《传习录·徐爱录》

**【注释】**

《中庸》中说的“不真诚就没有万事万物”，《大学》中说的“发现和弘扬最本质的德行”（实际上就是致良知），其功夫，讲的都是要真正的诚意，诚意的功夫，就是格物。

诚，就是不自欺。诚，就是功夫的根本、格物的目的。诚，就是本体、良知。

“不诚无物”语出《中庸》：“诚者，物之终始，不诚无物。”

**意念所在，即要去其不正以全其正……**

——《传习录·徐爱录》

**【注释】**

意念所在的地方，就是应不停顿地在此处时时反观，去掉内心的邪念，保全内心本体的纯正和中正……

这样，就无时无处不是天理了。其实，天理也就是“明德”、良知，穷理也就是“明明德”，“明明德”就是思诚，思诚就是格物，格物就是致良知。

**日间功夫，觉纷扰，则静坐；觉懒看书，则且看书。是亦因病而药。**

——《传习录·陆澄录》

**【注释】**

白天修炼时，受外界干扰心中很乱，那就练静坐；懒得看书，那就强迫自己去看书。这就是对症下药。

唤醒当下的力量，丢掉幻想投入战斗，是唯一的解决方案。

**只怕镜不明，不怕物来不能照……学者惟患此心之未能明，不患事变之不能尽。**

——《传习录·陆澄录》

【注释】

只怕自己内心这面镜子不明，不怕它照不见所遇见的任何事物……只需观照自己内心这面镜子是否足够明亮，不要担心内心这面镜子不能穷尽所有事物发展的变化与规律。

不提人生观与价值观，会导致方法论严重扭曲。

**人须在事上磨，方立得住，方能“静亦定，动亦定”。**

——《传习录·陆澄录》

**【注释】**

人必须在具体实践中、通过具体事磨炼自己，这样才能站得稳、立得住，才能在静止和行动时均能有合乎天理之定。

实践，认识，再实践，再认识。实践出真知。

“静亦定，动亦定”语出《河南程氏文集》第二卷：“所谓定者，动亦定，静亦定，无将迎，无内外。”

**目可得见、耳可得闻、口可得言、心可得思者，皆“下学”也；目不可得见、耳不可得闻、口不可得言、心不可得思者，“上达”也……故凡可用功、可告语者，皆“下学”，“上达”只在“下学”里……学者只从“下学”里用功，自然“上达”去，不必别寻个“上达”的功夫。**

——《传习录·陆澄录》

**【注释】**

眼睛可以看得见、耳朵可以听得着、嘴巴可以说得出、心里可以想得到的，都是“下学”；眼睛看不见、耳朵听不着、嘴巴说不出、心里想不到的，才是“上达”……凡是可以用功、可以用语言表达的，都是“下学”，但“上达”就隐含在“下学”里……学者只要在“下学”里用功，自然能够“上达”，不必另外特别去寻求什么“上达”的功夫。

听从心灵的呼声，是不问收获的耕耘。

“上达”语出《论语·宪问》：“君子上达，小人下达。”

大意指参悟天理、道。“下学”语出《论语·宪问》：“不怨天，不尤人。下学而上达。知我者天乎！”朱熹注解为：“但知下学而自然上达。此但自言其反己自修，循序渐进耳。无以甚异于人而致其知也。”

**博学、审问、慎思、明辨、笃行者，皆所以为“惟精”而求“惟一”也。**

——《传习录·陆澄录》

**【注释】**

博学、审问、慎思、明辨、笃行等，都是通过“惟精”功夫而求“惟一”。做“惟精”功夫，其目的是证得“惟一”。

万学归一,万宗归一，内在目的为觉醒。

**只要去人欲、存天理，方是功夫。**

——《传习录·陆澄录》

**【注释】**

只有去私欲、存天理，才是功夫。

去私欲、存天理是唯一功夫，其他都不是功夫。去私欲即为最用力处。

**圣人到“位天地、育万物”，也只从“喜怒哀乐未发之中”上养来。**

——《传习录·陆澄录》

**【注释】**

圣人能让天地万物和谐、各安其位、按本性生长，也只是从人的喜怒哀乐未发之中一步步滋养、培养而成的。

致良知，就是致喜怒哀乐未发之中。

“位天地、育万物”“喜怒哀乐未发之中”均语出《中庸》：“喜怒哀乐之未发，谓之中；发而皆中节，谓之和。中也者，天下之大本也；和也者，天下之达道也。致中和，天地位焉，万物育焉。”

**须于心体上用功，凡明不得，行不去，须反在自心上体当，即可通。**

——《传习录·陆澄录》

**【注释】**

关键是必须在心体上下功夫，凡是不明白、行不通的地方，都要反过来在自己心体上不断反复深入体会，这样就会明白。

答案要向内去寻找，这是解决问题的根本。

**或曰："人皆有是心，心即理。何以有为善，有为不善？"**

**先生曰："恶人之心，失其本体。"**

——《传习录·陆澄录》

**【注释】**

有人问："人都有此心，就是天理的此心，可为什么有的行善，有的行不善呢？"

先生说："这是因为行不善的恶人的心迷失了，离开了本体。"

当天理本体被私欲遮蔽时，就像乌云遮住了太阳，谓其失也。

**事变亦只在人情里，其要只在“致中和”，“致中和”只在“谨独”。**

——《传习录·陆澄录》

**【注释】**

所有的事变都体现在人情里，关键是要做好“致中和”的功夫，以保持中正平和的心态，而要做到中、正，关键在于“谨独”。

“除了人情事变，则无事矣”，即世界上除了人情事变，再无其他了。人情是意，事变是意之所在。谨独即慎独，大意为一个人独处时也要真正诚实地严格审视自己，无论是行为还是思想都要符合天德、天理，亦即真正的诚意功夫。诚己之意，万事大吉。

“致中和”和“谨独”都语出《中庸》。

**善念发而知之，而充之；恶念发而知之，而遏之。知与充与遏者，志也，天聪明也。圣人只有此，学者当存此。**

——《传习录·陆澄录》

**【注释】**

当善念萌发时，要认识它，发展扩充它；当恶念萌发时，要认识它，清除它。知道扩充善念和清除恶念，源于成圣的志向，是上天自然赋予人们的聪明才智。所谓圣人也只不过拥有这种聪明才智，学者应该学习、感悟和存养的，只是这种上天本来就赋予的聪明才智。

一念天堂时，扩充之；一念地狱时，清除之。如此，就离圣人不远了。

**曰：“何者为天理？”**

**曰：“去得人欲，便识天理。”**

——《传习录·陆澄录》

**【注释】**

有人问：“什么是天理？”

先生说：“去掉了私欲，便认识到了天理。”

“去得人欲”甚难，故“识天理”亦甚难。人生只有一事，“去私欲，存天理”，“致良知”“格物”“诚意”“正心”“闻道”“集义”“必有事焉”“修身齐家治国平天下”等，均为同一件事。

**曰：“天理何以谓之‘中’？”**

**曰：“无所偏倚。”**

**曰：“无所偏倚是何等气象？”**

**曰：“如明镜然，全体莹彻，略无纤尘染著。”**

——《传习录·陆澄录》

**【注释】**

有人问：“什么是天理之‘中’？”

先生说：“不偏不倚。”

又问：“不偏不倚，是什么情况什么景象？”

先生说：“就像明镜，完全清澈，镜子上面毫无尘埃。”

不偏不倚谓之“中”，所谓不偏不倚，就是如去掉私欲的明镜，通体光洁，不染一丝私心杂念的灰尘。用这样的镜子去照，才可以看得到真相、天理。“略无纤尘染著”，也就是说只要没有任何执着，没有任何颠倒妄想，就能证得“如来智慧德相”。

**格者，正也，正其不正以归于正也。**

——《传习录·陆澄录》

【注释】

格物的格，只是正的意思，使不正的恢复为正。

中则正。

**格物无间动静，静亦物也。孟子谓“必有事焉”，是动静皆有事。**

——《传习录·陆澄录》

【注释】

格物不分动静，静止也是一种事物的状态。孟子说的“必有事焉”，就是说无论是动还是静，都要就事做功夫。

事不分动静，事是心的镜子，格物等于“必有事焉”，都是要以事观心，以物观心。

**功夫难处，全在格物致知上。此即诚意之事。意既诚，大段心亦自正，身亦自修。但正心、修身功夫亦各有用力处。修身是已发边，正心是未发边。心正则中，身修则和。**

——《传习录·陆澄录》

【注释】

功夫难就难在格物致知上。而格物致知，首先是要做让思想念头真诚这件事。做到了思想念头真诚，基本上心就会中正，自然也就能修身了。但正心和修身也各有其切入点，修身大体上是就感情发出来后的情况而言的，正心是就感情未发出来时的情况而言的。正心后则本体、态度中正，身修后则现象、行为平和。

发与不发，顺其自然。修是正的过程，正是修的观察者。念念去私欲、致良知，观察者与被观察者将走向统一，合而为一。观察者或为本体。

**自“格物”“致知”至“平天下”，只是一个“明明德”，虽“亲民”亦“明德”事也。“明德”是此心之德，即是仁。“仁者以天地万物为一体”，使有一物失所，便是吾仁有未尽处。**

——《传习录·陆澄录》

**【注释】**

《大学》中的八条目，从格物、致知、诚意、正心，到修身、齐家、治国、平天下，都可归为“明明德”。《大学》中的“大学之道，在明明德，在亲民，在止于至善”，其中的“亲民”，也只不过是“明德”的事。“明德”是本心、本体的德性或天德，也就是仁。如果有一物失所，那就是一个人的仁还有不完善的地方。

“明德”就是良知、中、本心、天理、仁等，“明明德”就是致良知、致中和、诚意正心、去私欲存天理、敬天爱人等。

“仁者以天地万物为一体”语出北宋学者程颢，大意为仁者把天地万物包括自己都视为一个整体。

**有个主宰，故不先不后，不急不缓，虽千变万化而主宰常定，人得此而生。**

——《传习录·薛侃录》

**【注释】**

天地间有个主宰，所以天地万物变化时才不先不后、不急不缓，虽然千变万化，但主宰恒定不变。人是有了这个主宰才产生意义的。

这个主宰，就是本体良知，孕育万物、所有生命形式的源头。

**专涵养者，日见其不足；专识见者，日见其有余。日不足者日有余矣，日有余者日不足矣。**

——《传习录·薛侃录》

**【注释】**

专心在本体、本质、存养天理上用功夫的人，每天都会发现自己的不足；专门在知识、技能、见闻上花时间的人，每天都会认为自己懂得越来越多。每天能发现自己不足的人，每天都在提高。每天发现和认为自己懂得越来越多的人，每天都在降低。

提高能力和不断强大的源泉，不是博闻强记和口若悬河，而是接近本体。

**《大学》功夫即是“明明德”，“明明德”只是个“诚意”，“诚意”的功夫只是“格物”“致知”。若以“诚意”为主，去用“格物致知”的功夫，即功夫始有下落。即为善去恶，无非是“诚意”的事。**

——《传习录·薛侃录》

**【注释】**

《大学》中讲的功夫无非就是“明明德”，“明明德”的功夫就是“诚意”，“诚意”的功夫就是“格物”“致知”。以“诚意”为宗旨和主宰去“格物”和“致知”，功夫才有落脚点。为善去恶，无非是“诚意”的事。

世上最大的欺骗，是自己欺骗自己。诚，毋自欺也。《大学》之要，诚意而已矣。

**大抵《中庸》功夫只是“诚身”，“诚身”之极便是“至诚”；《大学》功夫只是“诚意”，“诚意”之极便是“至善”。**

——《传习录·薛侃录》

**【注释】**

大体而言，《中庸》讲的功夫就是“诚身”，“诚身”到极致就是“至诚”；《大学》讲的功夫的着力点只是“诚意”，“诚意”到极致就是“至善”。

世上最有效的对话，是自己跟自己的对话。通过“诚意”，从“诚意”到“诚身”，从“诚身”到“至诚”，找到最真实的自己，就是找到了本体。“至善”就是本体。荀子说：“君子养心莫善于诚，致诚，则无它事矣。”

**心之体，性也；性之原，天也。能尽其心，是能尽其性矣。《中庸》云："惟天下至诚为能尽其性。"**

——《传习录·答顾东桥书》

**【注释】**

心的本体是人性，人性的本原是天，天亦即天理。能尽人之心，就能尽人之性。所以《中庸》说，只有天下最真诚的人才能充分发挥其人性、天理。

有更深刻真诚基因的人，就是天才。可以真诚的人，就是人才。诚是本体，诚即理。

**所谓致知格物者，致吾心之良知于事事物物也。**

——《传习录·答顾东桥书》

**【注释】**

所谓格物致知，就是把我们内心真正的良知施于万事万物之上。

凡物的意义，都是人赋予的。伟大与渺小之间，成与败之间，实与虚之间，只差一个与真理的距离，与本体的距离，与良知的距离。

**言格物则必兼举致知、诚意、正心，而后其功始备而密。**

——《传习录·答顾东桥书》

**【注释】**

讲格物还必须要同时讲致知、诚意、正心，这样修养的功夫才完整、严密。

周全，有利于功效。

**“好古敏求”者，好古人之学而敏求此心之理耳。心即理也，学者学此心也，求者求此心也。**

——《传习录·答顾东桥书》

**【注释】**

所谓“好古敏求”，是喜好古人的学问，勤勉探求此心的天理。本心就是天理。“学”就是学此本心，“求”就是求此本心。

史上创建功业者，大凡所谓“身无半亩，心忧天下；读破万卷，神交古人”。即有使命感，有知识库，追随了人的本原，接近了人的本心。

**天理只是一个，更有何可思虑得？天理原自寂然不动，原自感而遂通。学者用功，虽千思万虑，只是要复他本来体用而已，不是以私意去安排思索出来。故明道云：“君子之学，莫若廓然而大公，物来而顺应。”若以私意去安排思索，便是用智自私矣。**

——《传习录·答周道通书》

**【注释】**

天理只有一个，无须别样的思虑。天理原本宁静寂然，原本无感不应，应而贯通。学者做功夫时，即使千思万虑，其要义也只是恢复其心中天理本来的面目，而不是凭自己的私心杂念安排什么其他的思索出来。所以程颢这样说：“君子之学，莫若廓然而大公，物来而顺应。”如果凭私欲去安排思索就是用智自私。

无私即宽，无我即道，宽而行之，依道进之，何所不能？自身和谐反映到外部，就是拥有良好的关系、环境、状态、体魄。天理和“廓然而大公”反映到外部，就是感而遂通，就是物来而顺应，就是伟大的动力、正确的方向、简捷的路径。“世上本无事，庸人自扰之。”带着私心私意的思虑就是别样的思虑、多余的思虑，多余的则是徒劳的。有价值、有意义的思，只是思一个天理、良知、本体。

“君子之学，莫若廓然而大公，物来而顺应”语出《河南程氏文集》，大意为君子做学问，心胸宽阔、公正无私，所以有任何事情发生自然能顺其自然而胜出。“用智自私”也语出《河南程氏文集》：“大率患在于自私而用智。自私则不能以有为为应迹，用智则不能以明觉为自然。”

**凡人为学，终身只为这一事，自少至老，自朝至暮，不论有事无事，只是做得这一件，所谓“必有事焉”者也。**

——《传习录·答周道通书》

**【注释】**

一辈子只有这一件事，从少到老，从早到晚，不管有事无事，只做这一件，这就是“必有事焉”。

“必有事焉”，亦即格物、致良知、去私欲、循理、诚意、正心、修身等。其要，一也。

“必有事焉”语出《孟子》，大意是说应该通过做事修身，养成自己的浩然之气，那样的话就具备了解决一切事情的根本条件。

**虽在忧苦迷弃之中，而此乐又未尝不存，但一念开明，反身而诚，则即此而在矣。**

——《传习录·答陆原静书》

**【注释】**

即使在忧愁苦闷和迷茫遭弃的时候，真正的本体的快乐依然存在，只要一念明醒觉悟，返求自身的虔诚，就会发现这种快乐本体。

快乐是本体的基本属性。快乐本体，亦即良知。一念开明，反身而诚，即一念无自欺，一念无执着，一念顿悟。“诚”指本体，也指功夫。

“反身而诚”语出《孟子》。

**格物是致知功夫，知得致知便已知得格物。若是未知格物，则是致知功夫亦未尝知也。**

——《传习录·答周道通书》

【注释】

格物是致知的功夫，明白什么是致知说明已明白什么是格物。如果不明白什么是格物，那么就说明对什么是致知的功夫是不明白的。

“知是心之体”，“知”即良知、本体，良知本体无知无不知，致知只是致人要寻找的心之良知本体。物是照心的镜子，格物只是以物照心，以物照心之良知本体，所以也可以说格物只在心上做。格物和致知在最高本质上是一回事，这就是格物和致知的关系。

**大抵学问功夫只要主意头脑是当。若主意头脑专以致良知为事，则凡多闻多见，莫非致良知之功。**

——《传习录·答欧阳崇一》

【注释】

大体来说，做学问的功夫最关键的是要把握以点带面。如果真能认识到“致良知”是真正最核心的以点带面的宗旨，那么见多识广自然都可纳为“致良知”的功夫。

格物是致知的功夫，亦即致良知不离外物。

**君子之酬酢万变，当行则行，当止则止，当生则生，当死则死，斟酌调停，无非是致其良知，以求自慊而已。**

——《传习录·答欧阳崇一》

**【注释】**

君子应对种种事变，该做就做，该停就停，该生就生，该死就死，考虑的都是致其良知，以求自己心安理得而已。

“自慊”大意为完全的自足、自快。“自慊”是人的最终目标。

**“格物”者，格其心之物也，格其意之物也，格其知之物也；“正心”者，正其物之心也……**

——《传习录·答罗整庵少宰书》

**【注释】**

格物，就是格心中的物，格意中的物，格知中的物；正心，就是正这些物的心……

向着“物欲横流”相反的方向，念念去私欲存天理，则心正、意诚、知致、物格，一切都可解。

**随时就事上致其良知，便是“格物”；著实去致良知，便是“诚意”；著实致其良知，而无一毫意必固我，便是“正心”。**

——《传习录·答聂文蔚》

**【注释】**

随时在事物上致良知，就是格物；实实在在去致良知，就是诚意；实实在在致良知，而没有一丝一毫的“执”，就是正心。

“执”“我”“私”“著（着）”，凡属种种，都就是在“天理之自然上多了一点意思”。归纳和演绎是形式逻辑，矛盾逻辑和对称逻辑构成辩证逻辑，对称逻辑是被悖论逼出来的，找到以点带面的点、一切的核心，就没有一个悖论无解。

“意必固我”语出《论语·子罕》：“子绝四——毋意，毋必，毋固，毋我。”大意为不要主观臆断、绝对肯定、拘泥固执、自以为是。亦即，不要有所著（着）、有所私、有所执，不要在天理之自然上去多那一点意思。

又问："用功收心时，有声、色在前，如常闻见，恐不是专一？"

曰："如何欲不闻见？除是槁木死灰，耳聋目盲则可。只是虽闻见而不流去便是。"

——《传习录·陈九川录》

【注释】

有人又问："当专心用功时，有声、色在面前，如往常一样去听去看，这恐怕就不是专一了吧？"先生说："怎么想要能听不到看不见呢？除非槁木死灰一般、耳聋眼瞎的人。虽然听到看见，只要心不随着声色流去就行了。"

所谓修成正果，就是修成本体，本体无所无不所，非想非非想，正果就是本体。

**人须在事上磨炼，做功夫乃有益。若只好静，遇事便乱，终无长进。**

——《传习录·陈九川录》

**【注释】**

人必须在实践中、在具体事情上磨炼才会有根本的长进。如果只一味好静，遇到事情就会乱，那样就不会有本质的进步。

大隐隐于市，大隐隐于事。

**那静时功夫亦差似收敛，而实放溺也。**

——《传习录·陈九川录》

**【注释】**

求静看似收敛，实属放纵、沉溺。

专门求静，是一种私欲。放纵、沉溺是远离本体，收敛是靠近本体；放纵、沉溺是“无欲而静”，收敛是“无欲则静”。去私欲才是收敛，是唯一要事。

**体来与听讲不同。我初与讲时，知尔只是忽易，未有滋味。只这个要妙，再体到深处，日见不同，是无穷尽的。**

——《传习录·陈九川录》

【注释】

体会到的与听来的不同。我当初给你讲时，知道你不明白，没有体会到什么。只有进入体会，深入体会，每天才会有不同的认识，才会知道这是没有穷尽的。

要想知道梨子的滋味，就要亲口尝一尝，但体悟本体，体悟一，是没有尽头的旅程，是永远完成不了的任务。

**只要解心。心明白，书自然融会。若心上不通，只要书上文义通，却自生意见。**

——《传习录·陈九川录》

**【注释】**

只要在心上体悟。心明，对书上的意思自然融会贯通。如果心不明，只是通晓了书上的文义，反而产生不正确的理解和自我解释。

任何接近真理的语义，都只是指向真理的路标，而不是真理本身。

有一属官，因久听讲先生之学，曰："此学甚好，只是簿书讼狱繁难，不得为学。"

先生闻之曰："我何尝教尔离了簿书讼狱，悬空去讲学？尔既有官司之事，便从官司的事上为学，才是真'格物'。如问一词讼，不可因其应付无状，起个怒心；不可因他言语圆转，生个喜心；不可恶其嘱托，加意治之；不可因其请求，屈意从之；不可因自己事务烦冗，随意苟且断之；不可因旁人谮毁罗织，随人意思处之。这许多意思皆私，只尔自知，须精细省察克治，惟恐此心有一毫偏倚，枉人是非。这便是'格物''致知'。簿书讼狱之间，无非实学。若离了事物为学，却是着空。"

——《传习录·陈九川录》

【注释】

有一位长期听讲的官员，他说："这个学说很好，只是我要处理的诉讼案件、文件太繁多，没时间去学。"

先生听了后，是这样回答的："我什么时候教你离开诉讼案件、文件而凭空求学的？你既然有诉讼案件要处理，就要从诉讼案件上求学，才是真正的格物。比如，审理某一诉讼案时，不能因当事人行事或说话无礼而心怀怒气；不能因当事人说话办事委婉周密，而产生喜悦之情；不能因讨厌当事人托人说情，而故意加倍惩罚当事人；不能因当事人的哀求，而不经意屈从当事人；不能因自己的事务繁杂，而随意断案；不能因旁人的故意罗织罪名和诽谤陷害，而随那些人的意思处理之。以上说的这些，许多都是私心的表现，只有你自己知道，必须精细反省、体察、克治，唯恐自己内心有一丝一毫的偏私和不正，而断错了是非。这就是格物、致知。无论是处理诉讼文件，还是办案，也包括其他领域、应对其他事物，都应是实实在在的学问。如果脱离了具体事物而求学、为学，反而是着空、无学。”

为学，格物、致知，只要落生活之地、诚自己之意，其实原本很简易。

**功夫不由人急心，认得良知头脑是当，去朴实用功，自会透彻。到此便是内外两忘，又何心事不合一？**

——《传习录·钱德洪录》

**【注释】**

致良知的功夫不能急于求成，明白到底什么是良知的本质，去踏实、诚实地用功，自然能体悟透彻。到这一步就内外两忘了，此心和万事万物怎么能不融为一体呢？

实致良知，就会逐渐物我两忘，内外和谐。一方面，说起来简单，做起来难，其难度和瞬间就登上火星差不多；另一方面，说起来简单，做起来也简单，因为，做就是了。

**养心，未尝离却事物，只顺其天则自然就是功夫。**

——《传习录·钱德洪录》

**【注释】**

养心从未离开事物，遵从天理法则就是功夫。天理法则也就是良知本体的自然流行。

沿致良知宗旨，一切顺其天则自然，应无处不是功夫。天则即天理、良知，应是判断和运行任何事物的原则。比如做任何一件事（无论大小），如果判断和做法符合所有相关各方的愿望，不违背任何一方的利益，可能就对了，这就是“天则自然”；不符合其中一方的愿望，违背了其中一方的利益，可能就错了，这就不是“天则自然”。任何一方也包括自己，但只有深问自己无碍的良知，才可能会知道什么是自己最深刻的愿望和利益，才可能会知道什么是致良知，什么是功夫。

“养心”语出《孟子》：“养心莫善于寡欲。”“天则”语出《周易》：“乾元‘用九’，乃见天则。”

**心之本体原是不动的，只为所行有不合义便动了。孟子不论心之动与不动，只是“集义”，所行无不是义，此心自然无可动处。**

——《传习录·钱德洪录》

【注释】

心的本体原本是无所谓动的，只因有不符合义的行为，心才会动。孟子不管心动还是不动，只是集义，所行符合义，心自然不会动。集义只是致良知。“义”即天理、良知。

去私欲存天理，致良知，则不是“世上本无事，庸人自扰之”，心自不动。或，不断“去私欲”，心自无可动之处。

**心之本体，原自不动。心之本体即是性，性即是理。性元不动，理元不动。集义是复其心之本体。**

——《传习录·陆澄录》

**【注释】**

心的本体原本不动。心的本体就是性，性就是理。性原本不动，理原本不动。集义只是恢复到心的本体而已。

复其本体，唯一之大义。从哪里来，到哪里去，何为意义，围绕的都是本体。

**《大学》所谓厚薄，是良知上自然的条理，不可逾越，此便谓之义；顺这个条理，便谓之礼；知此条理，便谓之智；终始是这条理，便谓之信。**

——《传习录·钱德洪录》

**【注释】**

《大学》所指出的厚薄，实际上就是良知自然体现出来的条理，不能逾越，这就是义；遵循这个条理，就是礼；懂得这个条理，就是智；始终坚持这个条理，就是信。

仁者见仁，智者见智。仁者见视天地万物为一体之仁，义者见仁爱之厚薄、条理不可逾越之义，礼者见尊顺条理之礼，智者见知此条理之智，信者见始终如一遵循此条理之信，仁、义、礼、智、信都是良知本体之发用，致良知是核心。

## 为己之学，重功夫不重效验。

——《传习录·钱德洪录》

【注释】

真正的学问是为己的学问，重功夫不重效验。

为己之学是真为己，真为己是立志成圣，而不是为了自己在世人心目中的所谓成功。心学不是成功学。如果是为了所谓成功，那就应该去读去学成功学。还没怎么样就想着应用，想着收获，想着效验，其实内心早已充满了私欲，流于了功利，背离了本体。如此，既不成功夫，亦完全无效。然而，只专注耕耘，未必无收获。无前知之心，未必无前知。不想着成功，未必无伟业。太阳未必考虑过要普照大地，但其阳光却一直在抚育万物！

**巧、力实非两事，巧亦只在用力处，力而不巧，亦是徒力。**

——《传习录·钱德洪录》

**【注释】**

巧和力并不是两回事，巧施于真正的用力处，力中有巧，有力而无巧，只是白费力。

有宗旨自然会有巧、智，无宗旨则无巧、智。宗旨即是格物，致良知。

“巧”语出《孟子》，用“巧”喻“智”。

**七情顺其自然之流行，皆是良知之用，不可分别善恶，但不可有所着。七情有着，俱谓之欲，俱为良知之蔽。然才有着时，良知亦自会觉；觉即蔽去，复其体矣。此处能勘得破，方是简易透彻功夫。**

——《传习录·钱德洪录》

**【注释】**

七情六欲顺其自然地流行，都是良知的运用，不能把七情六欲分成善的或恶的，只是不要有所执着。如果对七情六欲有所执着，就是私欲，就是对良知的蒙蔽。不过，对七情六欲刚刚有所执着时，良知就自然能觉察到；一旦良知觉察到，那些对良知的蒙蔽就会被除去，就可以恢复良知的本体。在此处能看得明白，才是简易透彻的功夫。

有所着，就是有多余的念头，勘破了这多余的“多一分念头”，就是觉醒。回到了去私欲、致良知的正道，功夫简易到了家，何顾良知不在当下。当然，致良知是永无止境的。为什么说本体是无善无恶的？对此的理解程度或就是开悟程度。

**学问也要点化，但不如自家解化者，自一了百当。不然，亦点化许多不得。**

——《传习录·钱德洪录》

**【注释】**

学习最本质的东西需要别人的开导，但不如靠自己领悟，自己领悟了才会一通百通。只凭别人指点，终究也理解不了多少。

遇极悟之师，遇极端之事，遇极好之书，别人别事可能会领你进门，但修行终究在个人。“何期自性本自清净，本不生灭，本自具足，本无动摇，能生万法”，天理原本就在自己的心中，去掉私欲的遮蔽，自己就是天理。

**琴瑟简编，学者不可无。盖有业以居之，心就不放。**

——《传习录·钱德洪录》

**【注释】**

学者不能没有琴瑟和书籍，有了这些正当的事情，心就不会放纵和遗失。

近朱者赤，近墨者黑，人受环境的影响，也是环境的产物。

“业以居之”语出《周易》：“君子学以聚之，问以辩之，宽以居之，仁以行之。”

## “所恶于上”是良知，“毋以使下”即是致知。

——《传习录·钱德洪录》

**【注释】**

“厌恶自己的上级对待自己的态度”是良知，“自己就不要用同样的态度去对待自己的下级”是致知。

“己所不欲”是良知，“勿施于人”是致知。致知，就是致良知。知道致良知是很不容易的，即知道尊重他人、尊重自己的总道理其实也是很不容易的。

“所恶于上”“毋以使下”语出《大学》：“所恶于上，毋以使下；所恶于下，毋以使上。”大意为上级的无礼行为令人讨厌，将心比心，所以对下级也不要无礼；下级的无礼行为令人讨厌，将心比心，所以对上级也不要无礼。

**吾与诸公讲“致知”“格物”，日日是此，讲一二十年俱是如此。诸君听吾言实去用功，见吾讲一番，自觉长进一次。否则只作一场话说，虽听之亦何用？**

——《传习录·黄以方录》

**【注释】**

给大家讲“致知”“格物”，天天如此，讲一二十年还都是如此。听讲后去实实在在、踏踏实实用功，就会觉得听讲一次长进一次。否则就像一场闲说话，听了又有什么用呢？

《传习录》全书即此，反反复复，来来回回，各种角度，各方引论，此理如一。

**天地间活泼泼地，无非此理，便是吾良知的流行不息。致良知便是“必有事”的功夫。此理非惟不可离，实亦不得而离也。无往而非道，无往而非功夫。**

——《传习录·黄以方录》

**【注释】**

天地间生动活泼无非因为一个天理，天理就是此心良知的自然体现和不停地自然流行。致良知就是“必有事焉”的功夫。天理不可被脱离，实则也脱离不了。世间的一切，没有什么不是道，没有什么不是功夫。

“活泼泼地”是禅宗的熟语。禅宗认为一切皆出自本心本性，其触事而真、明心见性、直指人心的最终方向，与格物、致知、致良知的方向是一致的。

# 洞察私欲

自是好名之病，先生屡责之……因喻之曰："此是汝一生大病根。譬如方丈地内种此一大树，雨露之滋，土脉之力，只滋养得这个大根。四傍纵要种些嘉谷，上面被此树叶遮覆，下面被此树根盘结，如何生长得成？须用伐去此树，纤根勿留，方可种植嘉种。不然，任汝耕耘培壅，只是滋养得此根。"

——《传习录·陆澄录》

【注释】

对于爱好虚名、贪慕美誉、自以为是的毛病，先生多次予以批评……因此把求名之心比喻为一棵大树："就如方圆一丈的地里种了一棵大树，雨露的滋润，土壤的肥力，只能滋养这个大树的根，大树四傍纵然种上优良的庄稼，这些庄稼上面被此大树的树叶遮覆，下面被此大树的树根盘结缠绕，庄稼怎么能长好呢？须伐去这棵大树，把树根刨干净，才能种庄稼。不然，无论如何耕耘栽培，也只是滋养这棵大树的根。"

各种私欲的源，无非名、利、货、色等。名，或为源之源。此病根不除，即成自我悖论，再努力，也是白搭，再费力，也没法提高。

**静时念念去人欲、存天理。动时念念去人欲、存天理，不管宁静不宁静……以循理为主，何尝不宁静？以宁静为主，未必能循理。**

——《传习录·陆澄录》

**【注释】**

宁静时每时每刻不忘去除人欲、存养天理，行动时每时每刻不忘去除人欲、存养天理，不要在意是宁静还是不宁静……以遵循天理为主，心里怎么能不宁静？以追求宁静为主，却未必能遵循天理。

简易之极的终极功夫无间于动静，无间于有事无事，即“念念去人欲、存天理”。在这个循理过程中，自然动亦定、静亦定，动静皆定。动中能静，静中能动。

**悬想何益？但不忘栽培之功，怕没有枝叶花实？**

——《传习录·陆澄录》

**【注释】**

空想、妄想、臆想有什么用呢？只要不忘记栽培的功夫，还怕没有枝、叶、花、果实？

栽培之功是格物、去私欲、致良知、悟本体，本体是一切枝、叶、花、实的根。

**省察是有事时存养，存养是无事时省察。**

——《传习录·陆澄录》

**【注释】**

省察是有事时存养天理，存养是无事时反省体察天理。

省察也是存养，存养也是省察，无论有事无事，念念去私欲、存天理，亦即念念致良知，仅此而已。

**教人为学，不可执一偏。初学时心猿意马，拴缚不定，其所思虑，多是人欲一边，故且教之静坐，息思虑。久之，俟其心意稍定，只悬空静守，如槁木死灰，亦无用，须教他省察克治。**

——《传习录·陆澄录》

**【注释】**

教人为学不可偏执于一个方面。人在开始学习时往往心不在焉，精力也不够集中，所思所想、许多念头大多是个人私欲，所以要先教人静坐，以观察和平息私心杂念。久而久之，等人心态稍微平和、意念稍微平息之后，如果还教人身如槁木、心如死灰般悬空静坐，就没有什么用了。那时，则须教人反省、体察、克治私欲的功夫。

一般来说，先学静，再学体察私欲，因为做到了宁静就为实现自己的去私欲、致良知的理想开了一个好头。但如果不能在行中修，就永远完成不了任务。

**省察克治之功则无时而可间，如去盗贼，须有个扫除廓清之意。无事时，将好色、好货、好名等私欲逐一追究搜寻出来，定要拔出病根，永不复起，方始为快。**

——《传习录·陆澄录》

**【注释】**

反省、体察、克治私欲的功夫任何时候都不能中断，就像铲除盗贼，必须有把私欲彻底扫除干净的想法和决心。没事时，将好色、贪利、求名等私欲逐一追究并搜寻出来，一定要连根拔去，使其永不复生，才会感到快乐。

**初学必须思省察克治，即是思诚，只思一个天理，到得天理纯全，便是“何思何虑”矣。**

——《传习录·陆澄录》

**【注释】**

初学时必须要想反省、体察、克治各种私欲，这就是思诚，只想着一个天理，等到心中的天理纯净而圆满，就是“何思何虑”的境界了。

千路万径目的地唯一，千思万虑目的唯一，即省察克治、思诚、思一个天理。“何思何虑”，王阳明开释为“是言所思所虑只是一个天理，更无别思别虑耳，非谓无思无虑也”。做功夫，要“不间断，不欲速求效”。如此，“何思何虑”之无所思无所虑、无所无思无所无虑、无所无不所的境界或景象自现。

“何思何虑”语出《周易》：“天下何思何虑？天下同归而殊途，一致而百虑。”

澄问："有人夜怕鬼者，奈何？"

先生曰："只是平日不能'集义'而心有所慊，故怕。若素行合于神明，何怕之有？"

子莘曰："正直之鬼不须怕，恐邪鬼不管人善恶，故未免怕。"

先生曰："岂有邪鬼能迷正人乎？只此一怕，即是心邪。故有迷之者，非鬼迷也，心自迷耳。如人好色，即是色鬼迷；好货，即是货鬼迷；怒所不当怒，是怒鬼迷；惧所不当惧，是惧鬼迷也。"

——《传习录·陆澄录》

【注释】

陆澄问："晚上怕鬼，怎么办？"

先生说："只是因为平时不能存养善良的德行或心性，心中有所愧疚，所以才怕鬼。如果平时行事一言一行本来就合乎天理神明，那还有什么好怕的？"

马明衡说："正直的鬼自然不用怕，但邪恶的鬼不管人的是非善恶，可能对好人和坏人都要伤害，所以难免让人害怕。”

先生说：“哪有邪鬼能迷惑正直的人的？仅仅这一怕，就证明心之不正。之所以被鬼迷惑，不是鬼迷惑人，而是自己的心迷惑了自己。就像人好色，就是被心的色鬼迷；好财，就是被心的财鬼迷；不至于发怒时而发怒，就是被心的怒鬼迷；不至于害怕时而害怕，就是被心的怕鬼迷。”

实去私欲，体悟本体，这一切便都不存在。

**善念存时，即是天理。此念即善，更思何善？此念非恶，更去何恶？此念如树之根芽。立志者长立此善念而已。“从心所欲不逾矩”，只是志到熟处。**

——《传习录·陆澄录》

**【注释】**

善念存于心时，就是天理。这个念头为善，还有什么善可想呢？既然这个念头不是恶，还有什么恶可想呢？这个念头就像树的根和芽，立志的人，长存、长立这样的善念就可以了。按照自己的良知本体去做事，就自然不会“过”或“不及”，这只是因为立志已经修炼到很成熟的程度。

立志成圣，是最有力最强大的出发点。

“从心所欲不逾矩”语出《论语·为政》：“吾十有五而志于学，三十而立，四十而不惑，五十而知天命，六十而耳顺，七十而从心所欲，不逾矩。”

**人不用功，莫不自以为已知为学，只循而行之是矣。殊不知私欲日生，如地上尘，一日不扫便又有一层。着实用功，便见道无终穷，愈探愈深，必使精白无一毫不彻方可。**

——《传习录·陆澄录》

**【注释】**

人不真正下功夫，就会自认为已知道如何做学问，觉得只要遵循过去知道的方法去做就可以了，却不知道自己的私欲天天生长，就像地上的灰尘，一日不扫就又积一层。而真正踏踏实实地下功夫后，才会发现天理、道的深奥是无穷无尽、永无止境的，越探究就越感到深奥，所以必须使自己的心纯正，做到精确明白，没有一丝一毫不干净透彻才可以。

自省，是一切的前提。深究，是所有有能力的人的自觉。

**曰：“好色、好利、好名等心，固是私欲，如闲思杂虑如何亦谓之私欲？”**

**先生曰：“毕竟从好色、好利、好名等根上起，自寻其根便见……”**

——《传习录·陆澄录》

**【注释】**

有人问：“好色、好利、好名等心，肯定是私欲，但那些闲思杂虑怎么也叫私欲呢？”

先生说：“任何闲思杂虑都是从好色、好利、好名这些根上缘起的，从根源上找就能看清各种私欲的本质……”

解决一切问题，都要靠追根求源，都等同于对问题源头和本质的发现。

**若于货、色、名、利等心，一切皆如不做劫盗之心一般，都消灭了，光光只是心之本体，看有甚闲思虑？此便是“寂然不动”，便是“未发之中”，便是“廓然大公”。自然“感而遂通”，自然“发而中节”，自然“物来顺应”。**

——《传习录·陆澄录》

**【注释】**

如果贪物、好色、追名、逐利等心像做盗贼之心一样，都被清除了，只剩下纯正的心的本体，看还有什么闲思杂虑？这就是“寂然不动”，就是“未发之中”，就是“廓然大公”。

没有目的，但创造了一切。只有本体才有这种伟大。

**只存得此心常见在，便是学。过去未来事，思之何益？徒放心耳！**

——《传习录·陆澄录》

**【注释】**

只要时刻存养本心，就是学习。过去和未来的事，想它有什么益处？只不过是丧失本心罢了。

专注于此心和当下的力量，自强不息，仅此而已。时间停止，就是永恒。

**天理人欲，其精微必时时用力省察克治，方日渐有见。**

——《传习录·陆澄录》

**【注释】**

去私欲存天理，其精微处必须每时每刻反省、体察、克治私欲，才能逐渐有所认识，终有所得。

对任何人，任何意义上的成功都是来自一点一滴的积累，而非偶然。

**无私心即是当理，未当理便是私心。**

——《传习录·陆澄录》

**【注释】**

无私心就是符合天理，不符合天理就是有私心。

当理的反映是和谐，和谐的反映是当理。当理即无私，无私即当理。

**此心真切，见善即迁，有过即改，方是真切功夫。如此，则人欲日消，天理日明。若只管求光景、说效验，却是助长外驰病痛，不是功夫。**

——《传习录·薛侃录》

**【注释】**

此心真切，见善就靠近，有过就改正，这才是真诚确切的功夫。这样一来，私欲就会一天天消亡，天理就会一天天明了。如果只顾追求做功夫后的情景和应用、期盼效果，那就反而会助长向心外求的毛病，那就不是功夫。

在良知本体上下功夫，才是功夫。

**吾辈用功，只求日减，不求日增。减得一分人欲，便是复得一分天理，何等轻快脱洒，何等简易！**

——《传习录·薛侃录》

【注释】

做功夫只求每天减少点什么，不求每天增加点什么。减少一分私欲，就是恢复一分天理。这本来多么轻快洒脱，多么简单易行！

与自己对话，一切发现和能力都来源于内心世界。

曰："去草如何是一循于理，不着意思？"

曰："草有妨碍，理亦宜去，去之而已；偶未即去，亦不累心。若着了一分意思，即心体便有贻累，便有许多动气处。"

——《传习录·薛侃录》

【注释】

有人问："除草怎样才算是遵循于天理，不掺杂私念？"

先生说："如果草有所妨碍，依理应除去，除去就是了；偶尔有些没有除去，也不要放在心上。如果心中多了一分有所在意的念头，当然就心有所累，就有许多动气的地方。"

本体是无善无恶的，即本无善恶。心有所累，有许多动气处，都是因为多了一分意思，即心体有一分私意私念，对本体有所遮蔽，使自己在"本无善恶"中有所迷失。

**为学大病在好名……名与实对，务实之心重一分，则务名之心轻一分；全是务实之心，即全无务名之心。若务实之心如饥之求食、渴之求饮，安得更有功夫好名？**

——《传习录·薛侃录》

**【注释】**

求名是做学问最大的弊病，是最大的私欲……求名与求实相对立，求实之心多一分，求名之心就少一分；完全是求实之心，那自然就没有求名之心了。如果求实之心就像饥饿时要吃饭，口渴时要喝水一样，哪还有什么闲工夫求名？

这是一种彻底的解放。

**悔悟是去病之药，然以改之为贵。若留滞于中，则又因药发病。**

——《传习录·薛侃录》

**【注释】**

悔悟是治病的良药，但贵在能改正。如果把悔悟留在心中，就又会因为药而生病了。

凡悔悟滞留心中的情况，也都是多了一点意思，都因有“住”，“应无所住”的“住”。因药发病，即“过”。解决方案便是去找出那一点私意并除去它。

“改之为贵”语出《论语·子罕》：“子曰：‘法语之言，能无从乎？改之为贵……’”

**只是一个功夫，无事时固是独知，有事时亦是独知。人若不知于此独知之地用力，只在人所共知处用功，便是作伪，便是“见君子而后厌然”。**

——《传习录·薛侃录》

**【注释】**

两者（戒惧和慎独）是同一个功夫。没事时固然是独知，有事时也是独知。人如果不知在这样的独知上下功夫，只在人所共知的地方下功夫，这就是作假，就是“见君子而后厌然”。

人有三大关系：人与自然的关系，人与人的关系，人与自己的关系。其中，人与自己（内心）的关系，是决定性的。独知功夫，是与自己的内心对话，是决定性的。

“见君子而后厌然”语出《大学》：“小人闲居为不善，无所不至，见君子而后厌然，掩其不善，而著其善。”

**诚是心之本体，求复其本体，便是思诚的功夫。**

——《传习录·薛侃录》

**【注释】**

诚是心的本体，追求恢复心的本体，就是思诚的功夫。思诚，也就是洞察自己那些隐藏很深的私欲。

**人须有为己之心，方能克己，能克己，方能成己。**

——《传习录·薛侃录》

**【注释】**

人要有为自己的心，才能克服自己的私欲，能克服自己的私欲，才能成全和成就自己。

为了自己好，还是为了别人认为自己好，这是一个问题。如果这个问题想明白了，才能懂得“能克己”“能成己”。

**“戒慎恐惧”便是修道的功夫，“中和”便是复其性之本体。**

——《传习录·薛侃录》

**【注释】**

“戒慎恐惧”就是修道的功夫，“中和”就是恢复其天性的本体。

独知，才是真知。“戒慎恐惧”就是独知功夫，“中和”就是所要知的本体。

“戒慎恐惧”语出《中庸》：“戒慎乎其所不睹，恐惧乎其所不闻。”

**“诚意”之说，自是圣门教人用功第一义，但近世学者乃作第二义看，故稍与提掇紧要出来，非鄙人所能特倡也。**

——《传习录·答顾东桥书》

**【注释】**

“诚意”的学说，原本就是圣贤教人用功的第一要义或根本出发点，但后来的学者把它看作次要的而放在第二位，所以我只是稍微把它的重要性再次提点出来，并不是唯我本人所能特别提出和倡导的。

意诚，心正。心正，事成。“天地位焉，万物育焉。”

**有意于求宁静，是以愈不宁静耳。**

——《传习录·答陆原静书》

【注释】

越有意去求宁静，就越不能宁静。

有意求静就是“多了那一点意思”，是私意。静不是目的，寻找和体悟本体才是。在寻找和体悟本体的过程中，心未尝不静。

**理无动者也，动即为欲。**

——《传习录·答陆原静书》

**【注释】**

天理是恒定不动的，动就是私欲。

欲即私，无欲则不动，无我则不动。“此心不动，随机而动”反成谈说兵法之最高峰，这不是一个关于兵法、战争方面思想的奇迹，而是一个纯思想的奇迹。

**“欲求宁静”“欲念无生”，此正是自私自利、将迎意必之病，是以念愈生而愈不宁静。**

——《传习录·答陆原静书》

【注释】

“欲求宁静”“欲念无生”，这正是自私自利、刻意寻求的病痛，所以欲念越生，心越是宁静不了。

从现代语义来说，追求无我、建立真我和大我是人生最伟大的旅行。无我造就真我和大我。真我和大我即近本体，本体是无所不动、无所不静的。

**良知只是一个良知，而善恶自辨，更有何善何恶可思?**

——《传习录·答陆原静书》

**【注释】**

良知自然分辨善恶，哪还有什么善恶可想?

人生本质上要思要想的，只是良知和致良知。

**意未有悬空的，必着事物。故欲“诚意”，则随意所在某事而格之，去其人欲而归于天理，则良知之在此事者，无蔽而得致矣。此便是“诚意”的功夫。**

——《传习录·陈九川录》

**【注释】**

意不会凭空存在，意之所向必有事物。所以要“诚意”，要随着意之所向的事物去格物，去掉私欲而恢复和归于天理，那么人在此事上就找到了良知，心没有私欲的蒙蔽就是“致知”“致良知”了。这就是“诚意”的功夫。

格物实践是“诚意”内观的一面镜子，“诚意”需要这面镜子。

**“人若矜持太过，终是有弊……人只有许多精神，若专在容貌上用功，则于中心照管不及者多矣。”**

**有太直率者。先生曰：“如今讲此学，却外面全不检束，又分心与事为二矣。”**

——《传习录·黄直录》

**【注释】**

先生说：“人如果过于矜持，终究是有弊病的……人的精力是有限的，如果过多关注容貌仪表，那么大多时候就会对自己的内心照顾不周。”

有的人过于张扬，对此，先生说：“现讲求得良知的学问，如果在容貌礼仪上完全不加检点，那就是又把心和事一分为二了。”

真正的去私欲、致良知，是既不会太矜持，也不会太张扬，本体是中和的。太矜持是太顾及自己的外在形象而没足够顾及心，太直率张扬是太顾及小我而没足够顾及别人的感受（事），都偏离了本体之中。中即一。

**文字思索亦无害，但作了常记在怀，则为文所累，心中有一物矣。此则未可也。**

——《传习录·黄直录》

**【注释】**

写文章、看文章和思索并没有害处，但写完、看完、思索完后常着意记在心里，就会为文语所累，心中就留有了一个东西。这是不好的。

这是“应无所住”之“住”的另一个体现。

**凡作文字要随我分限所及。若说得太过了，亦非“修辞立诚”矣。**

——《传习录·黄直录》

**【注释】**

凡是作诗写文，都要与自己的情况相吻合。如果太过，就不是“修辞立诚”了。

由于为名利所累，目前普遍现象是“修辞立己”“修辞立名”。

“修辞立诚”语出《周易·文言·乾》：“修辞立其诚，所以居业也。”大意指修辞应以“诚”为本。

**既去恶念，便是善念，便复心之本体矣。譬如日光被云来遮蔽，云去光已复矣。若恶念既去，又要存个善念，即是日光之中添燃一灯。**

——《传习录·黄修易录》

**【注释】**

去除了恶念，就是善念，就是恢复心的本体了。比如阳光被乌云遮蔽，乌云过后阳光即刻重现。如果恶念已经去除，还要再存个善念，就像在阳光之中再另点一盏灯。

日光之中添燃一灯，显然是过了，是一种心灵能源的浪费。其因，还是有私欲，亦即“多了一点意思”。过与不及，都是因多了这一点意思。善恶只是一物，是一，不是二。

**问：“近来用功，亦颇觉妄念不生，但腔子里黑窣窣的，不知如何打得光明？”**

**先生曰：“初下手用功，如何腔子里便得光明？譬如奔流浊水，才贮在缸里，初然虽定，也只是昏浊的。须俟澄定既久，自然渣滓尽去，复得清来。汝只要在良知上用功，良知存久，黑窣窣自能光明矣。今便要责效，却是助长，不成功夫。”**

——《传习录·黄修易录》

**【注释】**

有人问：“近来用功，也深感妄念不再产生，但心里好像漆黑一片，不知如何才能使它光明？”

先生说：“刚开始用功，怎么就能使心里光明呢？比如把流动混浊的水放在缸里，开始虽然是静止不动的，但也只是混浊的。必须是放时间长了，渣滓自然会沉淀下去，水就清了。只要在良知上用功，存养良知的功夫做久了，心中自然会由黑暗变得光明。想要马上见效，反而是揠苗助长，不叫用功。”

揠苗助长之念，即“欲速求效”之念，是私念。

**汝若以厌外物之心去求之静，是反养成一个骄惰之气了。汝若不厌外物，复于静处涵养却好。**

——《传习录·黄省曾录》

**【注释】**

如果用厌弃外物的心去求静，反而会养成一个骄横怠惰的恶习。如果不厌弃外物，那么去静处存养，倒也是好的。

凡以为自己是被辜负的，其实都不过是自己的私欲没被满足罢了，“厌外物”的各种情况都是因为心中有各种私心、私意。

**仁者以万物为一体，不能一体，只是己私未忘。**

——《传习录·钱德洪录》

【注释】

有仁爱的人应是与天地万物为一体的，如果不能与万物为一体，就是没有抛掉有私欲的自己。

有私欲的自己，就是“小我”。“无我”近“仁”，“大我”即“仁”。

言：“今日要见人品高下最易。”

先生曰：“何以见之？”

对曰：“先生譬如泰山在前，有不知仰者，须是无目人。”

先生曰：“泰山不如平地大，平地有何可见？”

——《传习录·钱德洪录》

【注释】

有人说：“现在要辨别人品的高下最容易。”

先生说：“何以见得？”

对方说：“先生好比眼前的泰山，那些不知道敬仰的，就是不长眼的人。”

先生说：“泰山不如平地那样广大，看平地时，有什么可以看得到呢？”

最伟大的存在是“无所无不所”。

**（修身）在于体当自家心体，常令廓然大公，无有些子不正处。**

——《传习录·黄以方录》

**【注释】**

修身在于体悟自己的心体，经常使自己的心体保持恢宏广大和公正，没有什么不中正平和的地方。

念念去私欲存天理，就会“常令廓然大公”，廓然大公，就“无有些子不正处”。

一友自叹："私意萌时，分明自心知得，只是不能使他即去。"

先生曰："你萌时这一知处，便是你的命根；当下即去消磨，便是立命功夫。"

——《传习录·黄以方录》

【注释】

一位朋友感叹："私欲萌发时，心里明明十分清楚，但就是不能即刻把它清除。"

先生说："私欲萌发时被察觉到，这一点就是所谓命根；当时就去着力消除它，就是立命的功夫。"

立命的功夫，就是致良知的功夫。

**惟“性善”则同耳。人生初时善原是同的，但刚的习于善则为刚善，习于恶则为刚恶；柔的习于善则为柔善，习于恶则为柔恶，便日相远了。**

——《传习录·黄以方录》

**【注释】**

人只在“性善”上是相同的。人刚出生时，善原本是相同的，但气质阳刚的人受善的影响则表现为刚善，受恶的影响则表现为刚恶；气质柔的人受善的影响则表现为柔善，受恶的影响则表现为柔恶。所以，就越来越不一样了。

刚和柔都应恰到好处，没有太过也没有不及，这就是中、正。

“性相近也，习相远也”语出《论语·阳货》。

**心体上着不得一念留滞，就如眼着不得些子尘沙。些子能得几多，满眼便昏天黑地了。**

——《传习录·黄以方录》

**【注释】**

人的心体上不能留一丝私心杂念，就像眼里揉不得一点沙子。一点沙子能有多少？但足以使人满眼昏天黑地了。

唯一尘不染，方可谓痛快，取决于立志。

**人生大病，只是一“傲”字。为子而傲必不孝，为臣而傲必不忠，为父而傲必不慈，为友而傲必不信。**

——《传习录·黄以方录》

**【注释】**

人生最大的毛病就是一个“傲”字。做儿子的如果傲则必不孝，做下属的如果傲则必不忠，做父亲的如果傲则必不慈，做朋友的如果傲则必不信。

无我即无傲，但实为博大。亦即平地无傲，但最博大。

**人心本是天然之理，精精明明，无纤介染着，只是一“无我”而已。胸中切不可“有”，“有”即傲也。古先圣人许多好处，也只是“无我”而已。“无我”自能谦，谦者众善之基，傲者众恶之魁。**

——《传习录·黄以方录》

**【注释】**

人心的本体本来就是天然的理，精明纯正，没有沾染丝毫杂物，只是一个“无我”而已。人心中千万不能“有我”，“有我”就是傲。历史上所有伟大圣贤，也只是一个“无我”而已。“无我”自然能谦虚谨慎，谦虚是一切善的基础，骄傲是所有恶的源头。

念念去私欲、格物、致良知、正心、诚意时，即是向着理解无我的方向、向着无我的方向。当一个人有一丝对天理、本体、良知、空、一、道、易、诚、上帝、佛、本原、真理等的感知时，不可能不对其产生敬畏感。

**喜、怒、哀、乐本体自是中和的，才自家着些意思，便过不及，便是私。**

——《传习录·陆澄录》

【注释】

自己喜怒哀乐的本体原本是中和的，而自己一旦有“别”的想法，就会要么“过”，或即稍有过分，要么“不及”，或即稍有达不到，都是因为有私念、有私欲。

任何多了一点意思，均是私意。任何多余的东西，都因有私。

# 知行合一

**知是行的主意，行是知的功夫；知是行之始，行是知之成。若会得时，只说一个知，已自有行在；只说一个行，已自有知在。**

——《传习录·徐爱录》

**【注释】**

知是行的主导，行是知的落实；知是行的开端，行是知的完成。如果能够领会，说到知，已包含有行；说到行，已包含有知。

产生一个念头，就是行的开始了，而通过笃实一贯、不达目的决不罢休的行动即可以不断端正思想理念，成为实现理想的保证。

**知行不可分作两事。**

——《传习录·陆澄录》

**【注释】**

知行的本体为一，不可分为两件事。

一则诚，二则伪。本体是一。知行是一个本体。知行是一个本体显现出来的两面，知中有行，行中有知，二者不能分离，严格来说，二者也不分先后。

**知行之为合一并进。**

——《传习录·答顾东桥书》

**【注释】**

知行是合一并进的。

知是本体的隐，行是本体的显，所以为合一并进。

**知之真切笃实处即是行，行之明觉精察处即是知。**

——《传习录·答顾东桥书》

【注释】

认知真实确切到自然而然可以付诸行动的地步就是行，实践到灵明觉醒、明察秋毫的地步就是知。

致本体是一个无限接近本体的过程，没有尽头。

**知行功夫本不可离，只为后世学者分作两截用功，失却知行本体，故有合一并进之说。**

——《传习录·答顾东桥书》

**【注释】**

知行的功夫本就不可分开，只因后世学者把知和行截然分开，当作两件事用功，失却了知行的本体，而事实上知行是同出自一个本体的，所以，才有知行合一并进的说法。

世间有盲动主义者，所以提出一个“知”字，让其在行动前定好方向、计划好路线图。世间也有空想主义者，所以提出一个“行”字，让其知道要付诸实践，实践才能出真知。

**真知即所以为行，不行不足谓之知。**

——《传习录·答顾东桥书》

【注释】

真正的认知是能够实践的，不能实践就不能叫认知。

熟读游泳学，不如下江河。

学、问、思、辨、行皆所以为学，未有学而不行者也。

——《传习录·答顾东桥书》

【注释】

博学、审问、思考、辨析、实践全都是学习，不存在只所谓学习而不具体实践的。

阻碍采取行动的不是表面的物质条件和环境，而是内心的软弱与妥协，只要有信念，就会肯下功夫去做，那么难事也会变得容易了。信念是对所盼望之事的把握，是还没见到的事实的愿景。

**“致知”之必在于行，而不行之不可以为“致知”也，明矣。**

——《传习录·答顾东桥书》

**【注释】**

“致知”一定要付诸实践，不实践就不能算“致知”，这是很明白的道理。

一种认识、一种判断、一种选择，只有通过实践，落实在行动上，才进入完成其使命的过程，才是表现、转化为现实的“真知”过程。

**若是知行本体，即是良知良能，虽在困勉之人，亦皆可谓之生知安行矣。“知行”二字更宜精察。**

——《传习录·答陆原静书》

**【注释】**

知行的本体，其实就是良知良能，即使是困知勉行的人，也都可以说是生知安行的，因为人人都具备良知本体。认识到这个道理，“知行”二字就更容易被大家仔细体察了。

人人皆可成圣，亦源于此理。体悟本体才是人生中唯一要做的“重要而紧急的事”。

**我今说个知行合一，正要人晓得一念发动处便即是行了。发动处有不善，就将这不善的念克倒了，须要彻根彻底，不使那一念不善潜伏在胸中。此是我立言宗旨。**

——《传习录·黄直录》

**【注释】**

我现在说这个知行合一，就是要人知道一念萌发就已经是行动了。如果萌发的是不善的念头，就必须从心中把它消除掉，而且是要彻底根除，绝不能使那不善的念头潜伏在心中。这是我创立这个学说观点的宗旨。

一切成功取决于是否有利他思想，一切伟大的成功取决于是否充满利他思想。

**思即学也，学有所疑，便须思之。“思而不学”者，盖有此等人，只悬空去思，要想出一个道理，却不在身心上实用其力，以学存此天理。思与学作两事做，故有“罔”与“殆”之病。其实思只是思其所学，原非两事也。**

——《传习录·黄以方录》

**【注释】**

思考就是学习，学习时有疑问就需要思考。当然也有“思而不学”这样的人，他们只是凭空去思考，要想出一个道理，却不在自己身心上踏实用功、用力，以学习存养天理。他们把思考和学习分成两件事去做，所以才有“罔”和“殆”的问题。其实思考只是思考所学的东西，思考和学习原本就不是两回事。

思存此天理就是学存此天理，学存此天理也是思存此天理。存此天理是核心。

“学而不思”语出《论语·为政》：“学而不思则罔，思而不学则殆。”

**博学只是事事学存此天理，笃行只是学之不已之意。**

——《传习录·黄以方录》

【注释】

博学，只不过就是在事事上学习存此天理；笃行，只不过就是不间断地在事事上学习存此天理。

接近和体悟本体是核心。去私欲存天理就是致良知，良知是本体，合一只是合在这里。

# 什么是本体，什么是一

**至善是心之本体。**

——《传习录·徐爱录》

**【注释】**

至善是心的本体。

“无善无恶者理之静，有善有恶者气之动。不动于气即无善无恶，是谓至善。”时世万变，动气是普遍现象。无小我、无私欲时，或就是不动于气、理之静、无善无恶、至善。反之，或就是脱离了本体。本体创造了万象、万物，但本体是无善无恶的。

**义理无定在，无穷尽。吾与子言，不可以少有所得而遂谓止此也，再言之十年、二十年、五十年，未有止也。**

——《传习录·陆澄录》

**【注释】**

天理无所不在，无所定论，广大而没有穷尽。我跟你讲学，你不能稍微有点领悟便觉得学问不过如此，即使再给你讲十年、二十年、五十年，也是没有止境的。

天理亦即本体。认知和体悟天理、本体，是永远完成不了的任务。但也应注意到，永远完成不了的任务，才可称之为使命。比如牛顿说他的一切工作及其成果都是为了证明上帝的存在，爱因斯坦说他坚信这难以理解的宇宙揭示了至高无上的理性力量的存在。或永远不能完全理解到的至高本质、无上本原，用任何意义上的方法均无法证其无也无法证其有的，才可称之为本体。

**性一而已，自其形体也谓之天，主宰也谓之帝，流行也谓之命，赋于人也谓之性，主于身也谓之心。心之发也，遇父便谓之孝，遇君便谓之忠。自此以往，名至于无穷，只一性而已。犹人一而已，对父谓之子，对子谓之父，自此以往，至于无穷，只一人而已。人只要在性上用功，看得一性字分明，即万理灿然。**

——《传习录·陆澄录》

【注释】

心性只有一个，只是个一，就它的外在形式而言可称之为“天”，就它对万事万物的主宰而言可称之为“帝”，就它的自然流行及发展变化而言可称之为“命”，就它赋予人的关键而言可称之为“性”，就它支配人的身体和行为而言可称之为“心”。一个人心性自然所发，对父亲就表现为“孝”，对上级就表现为“忠”。以此类推，所用的字、词、名称无穷无尽，只不过是个心性而已。就拿一个人来说，相对于父亲叫儿子，相对于儿子叫父亲，诸如此类，以至无穷，只不过还是这个人而已。人只要在心性上下功夫，一旦悟透了心性，一切道理就都明白了，尽在不言中。

道可道，非常道。名可名，非常名。比如缘起性空，一即空。一切发用，皆是一性的表，一性的显，一性的现，一性的相。一性，亦即天理、良知、人心一点灵明。此一点灵明，缘一物，则现一相，成一用。此一点灵明，应缘发用，无所不周。此一点灵明，自然流行，表显万物。此一点灵明，云行雨施，普照万民。物理空间，只是个影像。致良知、致本体的方向，或就是万理灿然的方向。

**定者，心之本体，天理也。动静，所遇之时也。**

——《传习录·陆澄录》

**【注释】**

定，是心的本体，也就是天理。动静，只是本体不断播放出来的现象。

定是静亦定、动亦定的“定”。动静的本体是理，动和静，或只不过是理的显和隐，理即本体，本体即理，理是定的，本体是定的，定即理，定即本体。

**天理本体自有分限，不可过也。人但要识得心体，自然增减分毫不得。**

——《传习录·陆澄录》

**【注释】**

天理本体自有它的限度，凡事都不可太过分。人一旦认识、体悟到心体，自然就会知道它丝毫不能增减。

以《中庸》的概念论，正即天理，不正即人欲。中和即天理，失中和即助人欲。这个中和的度就是其限度。中和了就是天理本体，心之本体。

**在一时一事，固亦可谓之“中”“和”。然未可谓之“大本”“达道”。**

——《传习录·陆澄录》

**【注释】**

在一时一事上的“中”“和”，不是“大本”“达道”的境界。

亦即常人的本体虽时时显现，但往往时断时续、时明时灭，不是心的本体的全体所用。事事处处、无时无刻没有不中才叫大本，事事处处、无时无刻没有不和才叫达道。

“大本”“达道”语出《中庸》：“喜怒哀乐之未发，谓之中；发而皆中节，谓之和。中也者，天下之大本也；和也者，天下之达道也。”

**廓然大公，方是心之本体。知此，即知未发之中。**

——《传习录·薛侃录》

**【注释】**

恢宏广大公正才是心的本体。体悟到了这种廓然大公，就知道未发之中了。

廓然大公是去私欲的结果。“去得私欲，方识本体。”未发之中就是本体。

**见得时，横说竖说皆是。若于此处通，彼处不通，只是未见得。**

——《传习录·薛侃录》

【注释】

体悟到了最根本的东西，怎么说都一样。如果经常是这个地方理解，那个地方不理解，只是因为还没有体悟到最根本的东西。

最根本的东西是本体、本质、本原、本来，是一通百通的“一”。

**心不可以动静为体用。动静，时也。即体而言用在体，即用而言体在用，是谓“体用一源”。若说静可以见其体，动可以见其用，却不妨。**

——《传习录·薛侃录》

**【注释】**

不可以理解为静是心的本体、动是心的运用。动静只是相对时空而言的。就本体而言，运用在本体之中；就运用而言，本体也在运用之中。所以说是“体用一源”。如果说静时可以察觉到本体，动时可以看得见本体的运用，倒也无妨。

自然就能知、自然就能觉的是本体，即心之本体。动静只是本体创造出来的状态，是现象。体用一源，即本体和现象也是统一的，本体生发了现象，而现象也包含、反映了本体。亦即隐和显也是统一的，隐和显的统一才是不可思议之“一”的方向。

“体用一源”最初是北宋程颐提出的哲学命题，程颐在他的《程氏易传·序》中说：“至微者，理也。至著者，象也。体用一源，显微无间。”

**未种根，何枝叶之可得？体用一源，体未立，用安从生？**

——《传习录·薛侃录》

**【注释】**

没有种树根，哪来树枝和树叶？体和用是同源的，没有建立体，用从哪里来？

“只问耕耘不问收获，才会有伟大的收获。”但怎样耕耘、耕耘什么？最本质的耕耘，只是要念念去私欲存天理。能否做到念念，取决于是否“立志成圣”。圣人的定义之一是无所不知，无所不能。

**学者一念为善之志，如树之种，但勿助勿忘，只管培植将去，自然日夜滋长，生气日完，枝叶日茂。树初生时，便抽繁枝，亦须刊落，然后根干能大。初学时亦然，故立志贵专一。**

——《传习录·薛侃录》

**【注释】**

有一点立志为善的念头，就像种下一棵树，只要不拔苗助长，自然而然地持续行动，一直培植它，它自然会一天天生长，一天天旺盛，一天天枝繁叶茂。树木刚开始生长时出现的乱枝，必须剪除，然后树根、树干才能更茁壮地成长。开始学习时也是这样，所以树立根本志向贵在专一。

“一念抱持，成圣之要。”所谓专一，在于专一于根本。所谓根本，也就是念念去私欲存天理、实致良知、实致本体、实致一。

**一者，天理。主一是一心在天理上。若只知主一，不知一即是理，有事时便是逐物，无事时便是着空。**

——《传习录·薛侃录》

**【注释】**

一就是天理。主一就是一心一意专注在天理上。如果只知道主一，不知道一就是天理，那么有事时就变成了“逐物”，无事时就变成了“着空”。

人的意识活动往往是向外的，离开了心体而直接指向外物，向外就是“逐物”。即使看似是向内，如果空守一个心，心即成为空悬一物，反而成了僵化的客体，这种情况的向内，或就是“着空”。天理即一，但天理与一切现象同在。背后的背后，或就是“一”的方向。

**心一而已，以其全体恻怛而言谓之仁，以其得宜而言谓之义，以其条理而言谓之理。**

——《传习录·答顾东桥书》

**【注释】**

心是一个整体的一，以它所有的恻隐之情而言就叫作仁，以它完全合乎时宜而言就叫作义，以它有条有理通畅无比而言就叫作理。

人心只是道心之失，人心之得其正即道心，道心即理，仁、义、礼、智、信等都是道心适时自然的体现。显为现象，隐为本体，合而为“一”。

**若见得自性明白时，气即是性，性即是气，原无性气之可分也。**

——《传习录·答周道通书》

**【注释】**

如果能看明白自己的人性，则气就是性，性就是气，原本就没有性与气的分别。

“法界一合相都是自性的显现，都是一，没有二，故曰不二法门。”但自性和显现的统一，本体和现象的统一，亦即隐和显的统一，却是难以想象的。“色不异空，空不异色；色即是空，空即是色。”凡更背后的，都是更难想象的。

**妄心则动也，照心非动也。恒照则恒动恒静，天地之所以恒久而不已也。照心固照也，妄心亦照也。**

——《传习录·答陆原静书》

**【注释】**

有私欲的妄心是动的，去私欲后接近天理良知的照心是不动的。恒照就能恒动恒静，天理良知永恒照耀万物，万物永远处于动但也永远处于静的状态，天地万物因此而恒久不息。照心固然是照的，但妄心也是照的。

照即是“一”。

**“精一”之“精”以理言，“精神”之“精”以气言。理者气之条理，气者理之运用。无条理则不能运用，无运用则亦无以见其所谓条理者矣。精则精，精则明，精则一，精则神，精则诚；一则精，一则明，一则神，一则诚，原非有二事也。**

——《传习录·答陆原静书》

**【注释】**

“精一”的“精”是从理上来讲的，“精神”的“精”是从气上来讲的。理是气的条理，气是理的运用。没有条理就不能运用。没有运用也就无法看到所谓的条理。“惟精”就可以越来越精微、光明、至一、神奇、至诚；“惟一”也就可以越来越精微、光明、神奇、至诚。精和一，原本就不是两回事。

“人心惟危，道心惟微，惟精惟一，允执厥中”这十六个字语出《尚书》，是中国文化传统中著名的“十六字心传”，必有其要因。对于一，抑或对于中，唯有无限深刻之体悟，才可以贴上一个属于自己话语体系的标签。对于本书，目前是不可能的。

**真阴之精，即真阳之气之母；真阳之气，即真阴之精之父。阴根阳，阳根阴，亦非有二也。**

——《传习录·答陆原静书》

**【注释】**

真阴之精就是真阳之气的母体；真阳之气就是真阴之精的父体。阴的根源是阳，阳的根源是阴，阴阳是一个统一体，并非两个东西。

阴阳同源，源为本体、一的方向。

**睹闻思为一于理，而未尝有所睹闻思为，即是动而未尝动也。所谓“动亦定，静亦定”，体用一源者也。**

——《传习录·答陆原静书》

**【注释】**

看、听、想、做等都一于理，而未尝有什么看、听、想、做，这就是动而未尝动。程颢先生所说的“动亦定，静亦定”，意思是本体和运用同出一源。

一于理，理即一。

**阴阳一气也，一气屈伸而为阴阳；动静一理也，一理隐显而为动静。**

——《传习录·答陆原静书》

**【注释】**

阴阳同一气，气的一缩一伸而为阴阳；动静是同一个理，理的一隐一显而为动静。

对称是一种存在。缩和伸是一对显现出来的矛盾，气是矛盾统一体。隐而内，显而外，理是内外统一体。理显则动，理隐则静。隐为体，显为用，合为一。

**春夏可以为阳为动，而未尝无阴与静也；秋冬可以为阴为静，而未尝无阳与动也。春夏此不息，秋冬此不息，皆可谓之阳，谓之动也。春夏此常体，秋冬此常体，皆可谓之阴，谓之静也。**

——《传习录·答陆原静书》

**【注释】**

春夏可以说是阳和动，但未尝没有阴和静；秋冬可以说是阴和静，但未尝没有阳和动。春夏变化不止，秋冬变化不止，都可以是阳，是动。春夏的本体不变，秋冬的本体不变，都可以说是阴，是静。

阳中有阴，阴中有阳，一也。动中有静，静中有动，一也。

**所谓“动静无端，阴阳无始”，在知道者默而识之，非可以言语穷也。**

——《传习录·答陆原静书》

**【注释】**

所谓“动静没有开端，阴阳没有开始”，对于明白天道的人来说自然可以默默地就体会到，用语言是说不尽的。

一切的本原、本体，都“不生不灭，不垢不净，不增不减”。

“动静无端，阴阳无始”语出《河南程氏经说》。

**乐是心之本体，虽不同于七情之乐，而亦不外于七情之乐。**

——《传习录·答陆原静书》

**【注释】**

乐是心的本体，虽然与七情六欲之乐不同，但也不外于七情六欲之乐。

本体之乐可能不是现实的状态，而是一种潜在的可能。本体之乐与七情六欲之乐也是体用一源，源即一。

**凡学问之功，一则诚，二则伪。**

——《传习录·答欧阳崇一》

**【注释】**

凡是做学问的功夫，一是诚，二是伪。

一以贯之的一、横说竖说什么都是一码事的一，是诚，是因为诚；反之，因为致良知的心还缺乏确切的诚，凡事不能如一不能看到不变的本质，是伪，是因为有自欺。“诚则明，明则诚”，“所谓诚其意者，毋自欺也”。诚是本体，诚则一。

**理无内外，性无内外，故学无内外。讲习讨论，未尝非内也；反观内省，未尝遗外也。**

——《传习录·答罗整庵少宰书》

**【注释】**

天理没有内外，性没有内外，所以学也没有内外。讲习讨论未尝不是内；反观内省未尝就遗弃了外。

格物、致知、诚意、正心，都只是一个功夫，由“惟精”之功夫而求“惟一”之本体。“惟其功夫之详密，而要之只是一事。此所以为‘精一’之学，此正不可不思者也。”内是外的根据，外也是内的根据，一也。

理一而已。以其理之凝聚而言则谓之性，以其凝聚之主宰而言则谓之心，以其主宰之发动而言则谓之意，以其发动之明觉而言则谓之知，以其明觉之感应而言则谓之物。故就物而言谓之格，就知而言谓之致，就意而言谓之诚，就心而言谓之正。正者，正此也；诚者，诚此也；致者，致此也；格者，格此也。皆所谓穷理以尽性也。

——《传习录·答罗整庵少宰书》

【注释】

天理只是个一。就天理的凝聚而言就是性，就天理凝聚的主宰而言就是心，就天理主宰的发挥而言就是意，就天理发挥的光明觉悟而言就是知，就天理的光明觉悟的感应而言就是物。所以就物而言就是格，就知而言就是致，就意而言就是诚，就心而言就是正。正就是正此心，诚就是诚此意，致就是致此知，格就是格此物，都是要穷尽天理以充拓本性。

即便是朱熹也认为“宇宙之间，一理而已。”“有此理便有此天地，若无此理，便亦无天地，无人无物，都无该载了。”“太极只是天地万物之理。在天地言则天地中有太极，在万物言则万物中各有太极。未有天地之先，毕竟是先有此理。”“天得之而为天，地得之而为地，而凡生于天地之间者，又各得之以为性……此理之流行，无所适而不在。”

（身、心、意、知、物是一件）无心则无身，无身则无心。但指其充塞处言之谓之身，指其主宰处言之谓之心，指心之发动处谓之意，指意之灵明处谓之知，指意之涉着处谓之物，只是一件。

——《传习录·陈九川录》

【注释】

身、心、意、知、物是一回事。没有心就没有身，没有身也就没有心。只是就其充塞空间而言叫作身，就其主宰作用而言叫作心，就心的发动发挥而言叫作意，就意的灵明而言叫作知，就意所涉及而言叫作物，都只是一回事。

“南山问古，明月一指。”“一指明月，一指沟渠。”明月一指，一指明月，看到时便显得多余。

**静未尝不动，动未尝不静。戒谨恐惧即是念，何分动静?**

——《传习录·陈九川录》

**【注释】**

静中未尝没有动，动中未尝没有静。比如戒谨恐惧本身就是念头，怎么分动静?

本体静中有动，动中有静，是动静统一体。“念如何可息，只是要正。”“‘无欲故静’，是‘静亦定，动亦定’的‘定’字。‘主’，其本体也。戒惧之念是活泼泼地，此是天机不息处，所谓‘维天之命，于穆不已’。一息便是死。非本体之念即是私念。”

“维天之命，于穆不已”出自《诗经》，大意指上天赋予了人命运，上天在冥冥中主宰人的命运，幽远深邃，永不停歇。

**功夫不离本体，本体原无内外。只为后来做功夫的分了内外，失其本体了。如今正要讲明功夫不要有内外，乃是本体功夫。**

——《传习录·陈九川录》

**【注释】**

做功夫不能离开本体，本体原本就没有内外可分。只是后来做功夫的人把功夫分了内外两种，这反而是失去本体了。如今正是要讲清楚的，功夫不要分内外，才是本体功夫。

致良知，即致本体。

曰："先生致知之旨发尽精蕴，看来这里再去不得。"

先生曰："何言之易也！再用功半年看如何？又用功一年看如何？功夫愈久，愈觉不同。此难口说。"

——《传习录·陈九川录》

【注释】

有人说："先生已把致知的宗旨要义阐述到极致，看来在此想再进一步是不可能了。"

先生说："怎么能轻易这样说！再用半年功夫看看怎样？再用一年功夫看看怎样？用功越久，越感觉不同。这难以用语言表达。"

因为至简所以至极，所有人都在过程中，所有人及其认识都是在0分到100分之间。

**知来本无知，觉来本无觉。然不知则遂沦埋。**

——《传习录·陈九川录》

**【注释】**

知道了就发现本来无所谓知道，觉悟了就发现本来无所谓觉悟。但如果不致知，自己的良知就会沦落，亦即自己的良知对一的觉悟就会被埋没。

良知即本体，本体无知无不知，无所知无所不知。

**人心是天、渊。心之本体无所不该，原是一个天。只为私欲障碍，则天之本体失了。心之理无穷尽，原是一个渊，只为私欲窒塞，则渊之本体失了。如今念念致良知，将此障碍窒塞一齐去尽，则本体已复，便是天、渊了。**

——《传习录·黄直录》

**【注释】**

人心就是天、渊。心的本体包罗万象，原本就是天。只是因为被私欲遮蔽，则失去了天或本体的本来面目。心中的天理本来无穷无尽，原本是一个渊，只是因为被私欲阻塞，则失去了渊的本体。现在要每时每刻念念不忘致良知，就是要将这些遮蔽、阻塞全部彻底去除，那么就会恢复心的本体，心就是天和渊了。

天渊就是宇宙苍穹，也是心之苍穹。无尽的天，无尽的渊，无尽的心，无尽的道，无尽的壮阔，无尽的深邃，无尽的自由，无尽的美丽，无尽的一。

**至善者，心之本体。本体上才过当些子，便是恶了。不是有一个善，却又有一个恶来相对也。故善恶只是一物。**

——《传习录·黄直录》

**【注释】**

最高的善是心的本体。本体上稍有过就是恶。不是有一个善，又有一个恶来与之相对。善恶只是一个东西，只是一。

2500年前的赫拉克利特（Heraclitus）是这样表达的："善与恶为一，正如上坡和下坡是同一条路。"

**善恶皆天理，谓之恶者本非恶，但于本性上过与不及之间耳。**

——《传习录·黄直录》

**【注释】**

善恶都是天理，所谓的恶，原本不是恶，只是就本性或天理本体而言，有过分或不足罢了。

“一山不容二虎。”

**动静只是一个。那三更时分空空静静的，只是存天理，即是如今应事接物的心；如今应事接物的心，亦是循此天理，便是那三更时分空空静静的心。故动静只是一个，分别不得。**

——《传习录·黄直录》

**【注释】**

动静是一回事。在三更空空静静的时候存养天理，就是此时此刻应对事物的心；此时此刻应对事物的心，如果也是遵循此天理，就是那三更时空空静静的心。所以动静只是一回事，不能分开。

静时念念去私欲存天理，动时亦念念去私欲存天理，无所不一。无所而无不所，无为而无不为，一即空。

**无善无不善，性原是如此。悟得及时，只此一句便尽了，更无有内外之间。**

——《传习录·钱德洪录》

【注释】

原本没有所谓的善，也没有所谓的不善，性原本如此。对此能领悟时，只这一句话就够了，更没有什么内外的区别。

本体无善无恶。

**目无体，以万物之色为体；耳无体，以万物之声为体；鼻无体，以万物之臭为体；口无体，以万物之味为体；心无体，以天地万物感应之是非为体。**

——《传习录·钱德洪录》

**【注释】**

眼睛没有本体，以万物的颜色为本体；耳朵没有本体，以万物的声音为本体；鼻子没有本体，以万物的气味为本体；嘴没有本体，以万物的味道为本体；心没有本体，以天地万物感应的是非为本体。

万物相对，心物相对，一也。《周易·系辞上》中是这样说的：“乾坤成列，而《易》立乎其中矣。乾坤毁，则无以见《易》。”

**问：“乐是心之本体，不知遇大故，于哀哭时，此乐还在否？”**

**先生曰：“须是大哭一番了方乐，不哭便不乐矣。虽哭，此心安处即是乐也。本体未尝有动。”**

——《传习录·钱德洪录》

**【注释】**

有人问：“乐是心的本体，但在遇到双亲去世而悲伤痛哭时，这个乐还在吗？”

先生说：“必须是大哭一场才能恢复乐的本体，不哭就不能回到乐。虽然在大哭，但内心得到的安慰就是乐。心的本体未尝有变化。”

“七情顺其自然之流行，皆是良知之用，不可分别善恶，但不可有所着。七情有着，俱谓之欲，俱为良知之蔽。”本体未尝有动，亦即孟子所谓：“夫君子所过者化，所存者神。”本体如一。应无所住而生其心，即本体之乐。

**用功到精处，愈着不得言语，说理愈难。若着意在精微上，全体功夫反蔽泥了。**

——《传习录·钱德洪录》

**【注释】**

越是用功到了精妙的地方，越是无法用语言表达，越难用语言说清道理。如果太执着于精妙的地方，反而整体的功夫会受影响。

“言语之处，空无一物。”

**无善无恶是心之体，有善有恶是意之动，知善知恶是良知，为善去恶是格物。**

——《传习录·钱德洪录》

【注释】

无善无恶是心的本体，有善有恶是因为意念的发动，良知是知善知恶的，格物是为善去恶。

本体自然无善无恶无知无不知，良知即本体；意念的本体是良知，良知即中，意念近中即善，意念离中即恶；良知作为本体自然无不知，自然知意念近中、离中，自然知善、知恶；格物的本质目的是近本体，近本体就是近良知、近中，近中就是去恶为善，或止之善。格物、致知、致良知、诚意、正心、必有事焉、致中和、去私欲存天理、慎独、立诚、立志，等等，一也。无善无恶是本体，有善有恶、知善知恶、为善去恶是现象，本体和现象的统一，一也。“身之主宰便是心，心之所发便是意，意之本体便是知，意之所在便是物。”一也。

**今之论性者纷纷异同，皆是说性，非见性也。见性者无异同之可言矣。**

——《传习录·黄以方录》

**【注释】**

谈论性的人，往往都在争论各种不同观点，其实这样都只是在说性，而不是见性。见性的人没有这样那样好争论的。

对“性一”的体认，只能向内，面对的只是自己。

**人之本体，常常是寂然不动的，常常是感而遂通的。“未应不是先，已应不是后。”**

——《传习录·黄以方录》

**【注释】**

人心的本体是寂然不动、随感应自然而通的。人心的本体在意念未发动时是隐藏的，在意念发动后显现，未发动和已发动是互相包含的关系，而不是先后的关系。

“有是体即有是用。”反之亦然。体用一源，隐显一源，源即一。

“未应不是先，已应不是后。”语出程颢、程颐《河南程氏遗书》。

**此道本无穷尽，问难愈多，则精微愈显。**

——《传习录·黄以方录》

**【注释】**

此道无穷尽，疑难问题问得越多，精妙之处就显现得越多。

相信你能收到，你就能收到。

# 引喻杂谈

**道无精粗，人之所见有精粗。如这一间房，人初进来，只见一个大规模如此；处久，便柱壁之类一一看得明白；再久，如柱上有些文藻，细细都看得出来。然只是一间房。**

——《传习录·陆澄录》

**【注释】**

天理没有精粗，只不过人对天理的认识程度有精粗。好比一间房子，人刚进到这间房子里时，只看到这间房的一个大致轮廓；待久了，才会把梁柱、墙壁等一个个东西看清楚；待得再久一些，或能把梁柱上的花纹细节都看清楚。不过，房子还是这间房子。

人的通畅、快乐、成功、正能量与否，其实也只是取决于人对一切现实的本质的不同看法，即价值观。对于任何一种存在，如果没有“人之所见”，则于人便没有意义了。不断向内体悟，越来越通透，越来越快乐，就是总方向。

**以事言谓之史，以道言谓之经。事即道，道即事。**

——《传习录·徐爱录》

**【注释】**

以记事而言就是史，以求道而言就是经。事就是道，道就是事。

事是道的表现，道是事的本原。道是体，事是用，体用一源。

**史以明善恶、示训戒。**

——《传习录·徐爱录》

**【注释】**

史书的本质目的是明辨是非善恶、总结经验教训以防微杜渐的。

凡得到教训之事，均不应再犯，方显意义。其中，必有道。

**处朋友，务相下则得益，相上则损。**

——《传习录·陆澄录》

**【注释】**

与朋友交往，一定要真诚谦虚才有收获，攀比争上就只会有损失。

相下，是一种看破，一种放下，一种慈悲，一种通畅，一种自信，一种把握，一种快乐，一种成功，皆因实致了良知、本体。

**精神、道德、言动，大率收敛为主，发散是不得已。天、地、人、物皆然。**

——《传习录·陆澄录》

**【注释】**

精神、道德、语言、行动，一般以收敛为主，向外发散只是不得已。天、地、人、物，都是这样。

“此心不动”是收敛，“随机而动”是发散。“以不变”是收敛，“应万变”是发散。“无为”是收敛，“而无不为”是发散。“廓然大公”是收敛，“物来顺应”是发散。“格物、致良知、诚意、正心、修身”是收敛，“齐家、治国、平天下”是发散。天地万物，“定”是收敛，“动、静”是发散。“不得已”只是顺应心之本体，但不着一点意思。人与大自然之间一切的本来与去往，或都是这样。

**问仙家元气、元神、元精。**

**先生曰：“只是一件，流行为气，凝聚为精，妙用为神。”**

——《传习录·陆澄录》

**【注释】**

有人问关于道家所说的元气、元神、元精。

先生说：“这三者都只是一回事，同是个一，就其自然流行的状态而言称之为元气，就其凝聚起来的状态而言称之为元精，就其妙用无穷的状态而言称之为元神。”

每个人的精气神，都源于一处。人生只是要致本体这个一以贯之。

**人要随才成就，才是其所能为。**

——《传习录·陆澄录》

**【注释】**

人根据自身特长做出成就，才是人能做到的。

每个人都有自己的“支点”，都可以“撬动世界”。认识自己，就是认识自己的支点，认识自己出发的地方，认识最真实的自己。本体良知可以洞察一切。

**与其为数顷无源之塘水，不若为数尺有源之井水，生意不穷。**

——《传习录·陆澄录》

**【注释】**

与其挖一个数顷之大但没有水源的池塘，不如挖一口仅数尺之小但有水源的水井，井水源源不断，不会枯竭。

水看源头，人看气象。一个人的气象取决于其对本体良知大道的认识程度和体悟程度。无穷无尽，是谓长期可持续发展，亦是谓永远没有止境。

**言语无序，亦足以见心之不存。**

——《传习录·陆澄录》

**【注释】**

语言表达混乱无序、没有条理，也足以说明其没有存养本心。

无论是没准备好或根本就没准备，还是心猿意马或心不在焉，都会导致言语无序。如果有一颗纯正的接近本体的心，就不会这样。本体是圆融的，所发亦应周密。

**仁是造化生生不息之理，虽弥漫周遍，无处不是，然其流行发生亦只有个渐，所以生生不息。**

——《传习录·陆澄录》

**【注释】**

仁是造化万事万物生生不息的天理，虽然它充满四周天地间，无处不在，但它的发生、流行、发展变化也只是个逐渐的、连续的过程，所以它才会生生不息。没有逐渐、连续，就没有生生不息。

水滴石穿不是水的力量，而是重复和坚持的力量。

**天地生意，花草一般，何曾有善恶之分？子欲观花，则以花为善，以草为恶。如欲用草时，复以草为善矣。**

——《传习录·薛侃录》

**【注释】**

天地间万事万物也如花草，哪里有善恶的区分？赏花时，就以花为善，以草为恶。想用草时，就反过来以草为善。

无善无恶心之体。诚己意，勿自欺而已矣。

**种树者必培其根，种德者必养其心。欲树之长，必于始生时删其繁枝；欲德之盛，必于始学时去夫外好。如外好诗文，则精神日渐漏泄在诗文上去。凡百外好皆然。**

——《传习录·薛侃录》

**【注释】**

种树必须先培育树根，培养德性必须先培养心性。要想让树成长，必须在树开始生长的时候就修剪掉树的乱枝；要想让德性兴隆旺盛，必须在开始学习的时候就去掉其以外的爱好。比如爱好诗文，那么精神就会逐渐移到诗文上。其他各种爱好都如此。

立志，大事、要事为先。

**以言语谤人，其谤浅；若自己不能身体实践，而徒入耳出口，呶呶度日，是以身谤也，其谤深矣。**

——《传习录·答周道通书》

**【注释】**

以语言诽谤人，这种诽谤是肤浅的；如果自己不能亲身实践、身体力行，而只是用耳朵听或用嘴说，整天絮絮叨叨，这是用行动诽谤自己，这样的诽谤才是深重的。

以身作则。

**“无所住而生其心”……明镜之应物，妍者妍，媸者媸，一照而皆真，即是“生其心”处。妍者妍，媸者媸，一过而不留，即是“无所住”处。**

——《传习录·答陆原静书》

【注释】

用明亮清澈的镜子照物，美的自然就是美的，丑的自然就是丑的，照时自然显出真相，这就是“生其心”的地方。美的自然就是美的，丑的自然就是丑的，照过后镜子里什么都不会留下，这就是“无所住”。

“圣人致知之功，至诚无息。其良知之体，皦如明镜，略无纤翳，妍媸之来，随物见形，而明镜曾无留染，所谓‘情顺万事而无情’也。”这就是禅宗六祖惠能说的“菩提本无树，明镜亦非台，本来无一物，何处惹尘埃。”“心犹镜也。圣人心如明镜，常人心如昏镜。近世格物之说，如以镜照物，照上用功，不知镜尚昏在，何能照？先生之格物，如磨镜而使之明，磨上用功，明了后亦未尝废照。”这就是神秀说的“身是菩提树，心如明镜台，时时勤拂拭，莫使惹尘埃。”惠能就本体而言，神秀就功夫而言，其实两者一贯。

“应无所住，而生其心”语出《金刚经》。

**不逆、不臆而为人所欺者，尚亦不失为善，但不如能致其良知，而自然先觉者之尤为贤耳……不欺而诚，则无所容其欺，苟有欺焉而觉矣；自信而明，则无所容其不信，苟不信焉而觉矣。**

——《传习录·答欧阳崇一》

**【注释】**

不事先怀疑别人欺诈、不主观猜想别人的不诚信而被别人有所欺骗的，虽然尚可说这样的人没有失去善，但不如能致其良知而自然可先察觉各种情况的人更为贤能……致良知，自有不欺诈而真诚，也就不会容许欺诈，如果遇到欺诈的情况也就自然能察觉；良知自信而明澈，一方面不容许不诚信，另一方面遇到不诚信都可察觉。

至诚谓之圣，谓之神，谓之伟大，谓之强大。功夫只有一个，即念念去私欲存天理，念念格其物，念念致其良知，念念诚其意，念念正其心，念念修其身，念念求其道，念念悟其本体。表述可以很多，功夫只有一个。

“逆”“臆”出自《论语·宪问》。逆，指预先揣度，逆诈，指事先怀疑别人欺诈。臆，指臆想，臆不信，即猜想别人不诚信。

**古之教者，教以人伦。后世记诵词章之习起，而先王之教亡。**

——《传习录·训蒙大意示教读刘伯颂等》

**【注释】**

远古的教育，教的是人性。后世背诵“词章”的风气兴起、泛滥，远古先辈圣贤那样的教化就消亡了。

国无德不兴，人无德不立。“圣人既没，心学晦而人伪行，功利、训诂、记诵辞章之徒纷沓而起，支离决裂，岁盛月新，相沿相袭，各是其非，人心日炽而不复知有道心之微。间有觉其纰缪而略知反本求源者，则又哄然指为禅学而群訾之。”现状如此，不得不慨叹：“呜呼！心学何由而复明乎！”解决方案是顺天理人情，从小抓：“大抵童子之情，乐嬉游而惮拘检。”“今教童子，必使其趋向鼓舞，中心喜悦，则其进自不能已。”“故凡诱之歌诗者，非但发其志意而已，亦所以泄其跳号呼啸于咏歌，宣其幽抑结滞于音节也。导之习礼者，非但肃其威仪而已，亦所以周旋揖让而动荡其血脉，拜起屈伸而固束其筋骸也。讽（讽，即背诵）之读书者，非但开其知觉而已，亦所以沉潜反复而存其心，抑扬讽诵以宣其志也。”“凡此皆所以顺导其志意，调理其性情，潜消其鄙吝，默化其粗顽，日使之渐于礼义而不苦其难，入于中和而不知其故。”“是盖先王立教之微意也。”

**凡授书不在徒多，但贵精熟。**

——《传习录·教约》

**【注释】**

教书不在量多，而在精熟。

贵在判断，贵在发现，贵在读懂、读透。

**每日功夫，先考德，次背书诵书，次习礼或作课仿，次复诵书讲书，次歌诗。凡习礼歌诗之类，皆所以常存童子之心，使其乐习不倦，而无暇及于邪僻。教者如此，则知所施矣。虽然，此其大略也。“神而明之，则存乎其人。”**

——《传习录·教约》

**【注释】**

学校教育小孩，每天的功课，要先考察德性，其次是背书和读书，再次是练习礼仪或做课堂作业，然后是诵读和讲书，最后是唱歌和朗读诗歌。练习礼仪、唱歌、诵诗等，都是为了不断存养孩子的心性，使孩子乐于学习而不感到厌倦，没有时间去想也没有时间去干一些邪门歪道的事。学校和老师知道这个道理，就知道如何培养和教育小孩了。但是，这里说的也只是个大概。其中的经纶，就在于教育工作者各人的领会和实施了。

知心，用心。

“神而明之，存乎其人”语出《周易·系辞上》，大意为任何神妙只有通过具体的人的具体运用才能发挥神妙作用。

**大凡朋友，须箴规指摘处少、诱掖奖劝意多，方是。**

——《传习录·陈九川录》

**【注释】**

朋友之间，应少一些指摘批评抨击，多一些开导劝勉鼓励才好。

指责是失去本体的表现，鼓励是去私欲、致良知、致本体、未脱离本体的表现。

**与朋友论学，须委曲谦下，宽以居之。**

——《传习录·陈九川录》

**【注释】**

朋友之间探讨学问，应委婉谦虚，以宽厚的态度待人接物。

创造精神环境之宽，是非常必要的。

**循着这天理，则便是道。不可以事功气节名矣。**

——《传习录·黄直录》

**【注释】**

遵循天理，这就是道。不可以功名计。

立志成圣是第一要义。

**与人论学，亦须随人分限所及。如树有这些萌芽，只把这些水去灌溉，萌芽再长，便又加水。自拱把以至合抱，灌溉之功皆是随其分限所及。若些小萌芽，有一桶水在，尽要倾上，便浸坏他了。**

——《传习录·黄直录》

**【注释】**

与别人讨论学问，也须考虑别人的能力和资质禀赋。比如树木刚发芽，只能用一点水去浇灌，树芽再长大一点，再多浇些水。树，从两手就能握住，到双臂伸开才能合抱，用水灌溉的多少都是根据树木的大小和需要而定。如果树刚发芽就用一整桶水全浇上，就可能把树淹死了。

因人施教与循序渐进是本体的力量，功莫大焉，善莫大焉。

**凡朋友问难，纵有浅近粗疏，或露才扬己，皆是病发。当因其病而药之可也，不可便怀鄙薄之心。非君子与人为善之心矣。**

——《传习录·黄修易录》

**【注释】**

朋友之间辩论，难免有人浅薄粗俗，或者想表露才智以显示自己，这都是人的劣根毛病发作。只应因病而药，不可因此就怀有鄙视的心。这就不是君子与人为善的心了。

凡怀鄙薄之心，均因已有私欲。

“与人为善”语出《孟子》：“取诸人以为善，是与人为善者也。”大意为学习别人好的品格来建立自己崇高的品格，同时自己汲取别人好的品格后也要把自己好的品格与其他人分享。取善，与善，是谓与人为善。

**晓得良知是个头脑，方无执着。且如受人馈送，也有今日当受的，他日不当受的；也有今日不当受的，他日当受的。**

——《传习录·黄省曾录》

**【注释】**

知道良知这个大纲要，才无执着。比如接受别人的馈赠，有今天可以接受，其他时候就不应当接受的；也有今天不应当接受，但其他时候就可以接受的。

这就是“知是心之本体，心自然会知。见父自然知孝，见兄自然知弟……此便是良知，不假外求。”诚，就是比较彻底的不自欺，当行则行，当止则止。心自然会知。

**一友问：“读书不记得，如何？”**

**先生曰：“只要晓得，如何要记得？要晓得已是落第二义了，只要明得自家本体。若徒要记得，便不晓得；若徒要晓得，便明不得自家的本体。”**

——《传习录·黄省曾录》

**【注释】**

一朋友问：“读书记不住内容，怎么办？”

先生说：“只要理解了就可以了，为什么非要记住具体内容呢？要理解道理其实已经是落到第二位的意义上了，最重要的应该是让自己的心性本体光明透彻。如果仅仅要着力去记住具体内容，就不会理解其道理；如果仅仅要着力去理解其道理，就不会使自己的心体光明透彻。”

读书的根本目的是解决人生最核心的问题，即启发自我，启发本心，发现本质，发现无我，致良知，致本体。明确了根本目的，便没有了执着，没有了多的那一点意思。

**人一日间，古今世界都经过一番，只是人不见耳。**

——《传习录·钱德洪录》

**【注释】**

人在一天之内，就可以把古今世界全都经历一遍，只是人们没意识到罢了。

比如凌晨，清平，似尧舜时代；中午前，井然，似夏商周时代；中午后，纷扰，似春秋战国时代；黄昏以至于黑夜，寂寥，似人消物尽的时代。一切都是全息的，轮回的。

# 解决今天的问题

**天下所以不治，只因文盛实衰，人出己见，新奇相高，以眩俗取誉，徒以乱天下之聪明，涂天下之耳目，使天下靡然，争务修饰文词，以求知于世，而不复知有敦本尚实、反朴还淳之行。**

——《传习录·徐爱录》

**【注释】**

天下之所以不容易治理好，在于浮躁、浮逸之风盛行而务真、务实之风衰落，文章理论看似盛行但实则虚无，每个人都有自己的见解，标新立异以便追求名利，比较高下以便获取荣誉，扰乱了天下的思想，蒙蔽了天下的耳目，使天下靡然成风，望风响应，闻风而动，争着修饰文辞的华丽，以便在社会上出名，而不再追求返璞归真、实事求是，不再追求真正的是，不再追求事物的本质，因此也不会追求踏实地去做事。

“名与实对，务实之心重一分，则务名之心轻一分；全是务实之心，即全无务名之心。若务实之心如饥之求食、渴之求饮，安得更有功夫好名！”这是立志成圣、去私欲、循理、致良知、必有事焉、诚意、正心后的结果。

**后世儒者许多讲来讲去，只是讲得个伯术。**

——《传习录·徐爱录》

**【注释】**

后世学者们大多讲来讲去的，只是个霸者的权术。

伯术与王道、天道不同，伯术的本质是浅薄、功利主义的，缺乏对最高意义的认识。

夫人者，天地之心，天地万物本吾一体者也。生民之困苦荼毒，孰非疾痛之切于吾身者乎？不知吾身之疾痛，无是非之心者也。是非之心，不虑而知，不学而能，所谓良知也。良知之在人心，无间于圣愚，天下古今之所同也。世之君子，惟务致其良知，则自能公是非，同好恶，视人犹己，视国犹家，而以天地万物为一体，求天下无治不可得矣。古之人所以能见善不啻若己出，见恶不啻若己入，视民之饥溺犹己之饥溺，而一夫不获若己推而纳诸沟中者，非故为是而以蕲天下之信己也，务致其良知求自慊而已矣。尧、舜、三王之圣，言而民莫不信者，致其良知而言之也；行而民莫不悦者，致其良知而行之也。是以其民熙熙皞皞，杀之不怨，利之不庸。施及蛮貊，而凡有血气者莫不尊亲，为其良知之同也。呜呼！圣人之治天下，何其简且易哉！

——《传习录·答聂文蔚》

【注释】

人就是天地的心，天地万物与人是同为一体的。其他人所遇的各种困苦和悲痛，又有哪一件不是自身的切肤之感呢？没有这种切肤之感，就是因为失去本体而没有是非之心。是非之心是具有先天性、先验性的，不用思考就知道，不用学习就具有，即所谓良知。良知根植于每个人的内心深处，无论是圣人还是普通人，全天下，从古至今，这个良知都是相同的。世上所有有识之士，只要懂得应专注致这个良知，自然会有共同的是非好恶，对待别人如同对待自己，热爱全社会如同热爱自己的家庭，视天地万物为一体，与天地万物为一体，如此则天下不可能不得到大治。古人之所以见到别人行善，就像自己做了好事一样，见到别人作恶，就像自己做了坏事一样，见到别人的疾苦，就像是自己使之疾苦一样，有任何一个人没过上好日子，就像是自己把他推到悬崖、沟隘中去似的，他们并不是故意如此以取信于天下，而是自发的，这是因为他们是致良知的，他们知道什么是真正的幸福、快乐和满足，即“自慊”。尧、舜、大禹、商汤王、周文王及周武王等，他们说的话没有不被相信的，这是因为其所说的是致其良知而后发自内心自然而然流动出来的；他们的行为没有不被喜欢的，也是因为其行是致其良知而后发自内心自然而然体现出来的。所以，人人心情舒畅，即使被杀了也不怨恨，即使得到好处也自然而然地不认为应该怎样专门酬谢。同时，即使把这个道理推广到世上任何相对未开化的荒蛮之地也是一样，凡是有血气的人就没有不孝敬自己父母先辈的，因为每个人的良知都是完全相同的。希望大家明白，治理天下是何等简单！何等容易！

致其良知求自慊，致其良知而言之，致其良知而行之。

# 编后记

阅读真正的经典可能有三个主要原因。第一，在现象世界不断向前发展的过程中，人们增加了对文化繁荣和精神文明的期盼，对什么是真正的幸福、快乐及其本质的追求和探索加剧；第二，人人天生而来的求知欲、好奇心促使了对世界万物本原或本体认识的自发努力永远也没有止境（往往从非常之复杂到极其之简单，再到对简单之敬畏）；第三，任何阶段所面对那些具体而微的事物，无一不需要真诚面对和实际赢得，莫使金樽空对月。

语言是思维的工具，但只是残缺不全的工具。王阳明本人并未说过其学说叫作心学，后人姑且论之，当然尚可。世界史上存在的任何学说，都是创造者作为一个自然人而提出的，这是一个为自己和人类寻找或指向宇宙唯一真理的过程。在前人的基础上，王阳明提出的致良知，是有史以来异常卓著的重大发现。为人类造福，其方向仍然是化复杂为简单，化腐朽为神奇，化不明为真知。沿此方向，一切深邃问题和现实问题或都将迎刃而解。

提到阳明心学，有两个较为普遍被谈及的情况。

其一，为什么16世纪以来它在国内不温不火，反而被广泛传播到周边国家，尤其是日本，乃至之后对明治维新产生了极为深远的影响。日本人写的《日本之阳明学》一书说："维新诸豪杰震天动地之伟业，殆无一不由于王学所赐予。"20世纪在日本的中国留学生常会看到这样的场景：不论在火车上、电车上或在轮渡上，凡是在旅行的时候，总看到许多日本人在阅读王阳明的《传习录》，且有很多人读了之后，就闭目静坐，似乎是在聚精会神，思索精义。而在中国，则不其然。

其二，王阳明的《传习录》为什么那么难读，以至于多有言说王阳明的传记、事功和其提出的如知行合一、心即理等著名论断者，而少有精读集心学之大成的原著《传习录》者，心学的精髓是什么，为什么一定要亲自去读《传习录》，对生活、事业、社会各类问题、未来全球发展与各类组织提升有何意义，等等。心学结论简单到极点，但简单却是最终极的复杂。或也可以说，实致良知可为一切的解决方案，是极简单的逻辑，但也是一件最困难的事情，属最终极的复杂。有现代学者认为，王阳明诠释了生命真正的价值与意义所在，诠释了生命的本质，诠释了生命是一个历史的过程以及生命的价值和意义体现在这一历史过程之中，诠释了生命的最高境界体现为合乎宇宙天地生生大道的良知之自然呈现，诠释了生命的自由、人格的尊严、人性的复归，直至人类的解放。

本书旨在利于阅读和导入经典本身，其只是从《传习录》

中分类摘取一些精短要点。最终，靠广大读者根据自己的切身感悟，通过研究经典本身和社会实践而不断发现自己认为的真相和意义，发现自己的使命。任何显性、隐性等形态的功利主义或许是人的最大天敌，而去掉之，既很困难，也很刺激。活着或许并不是为了改变世界，而是为了改变自己。重塑社会价值观，就是通过改变自己去改变世界。

一旦能够充分地认识到精神文明的力量，实致良知，就会将其转化为各种伟大的奇迹。